Questo libro Appartiene a:

_ _ _ _ _ _ _ _ _ _ _

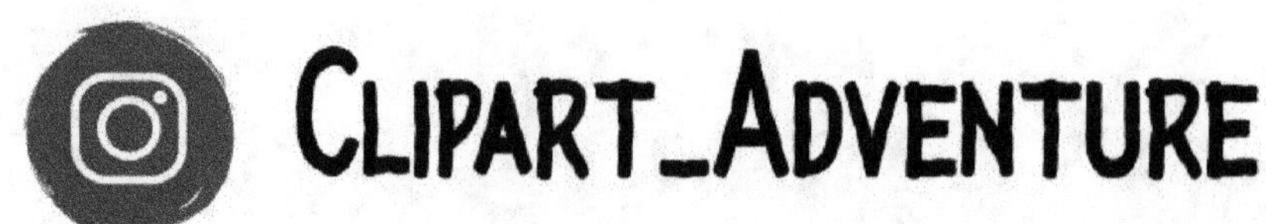
Clipart_Adventure

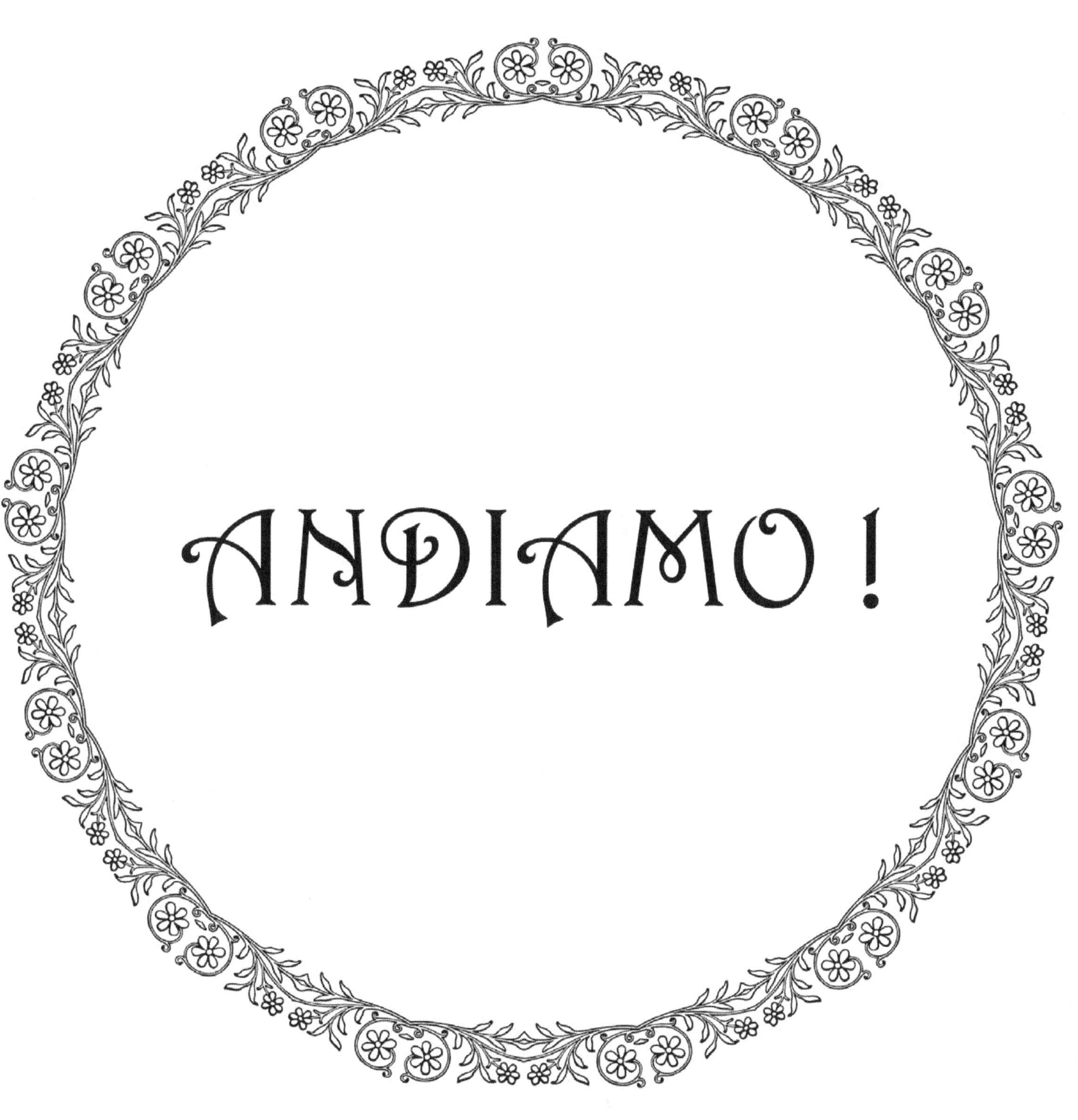
ANDIAMO !

Impara Per Passo

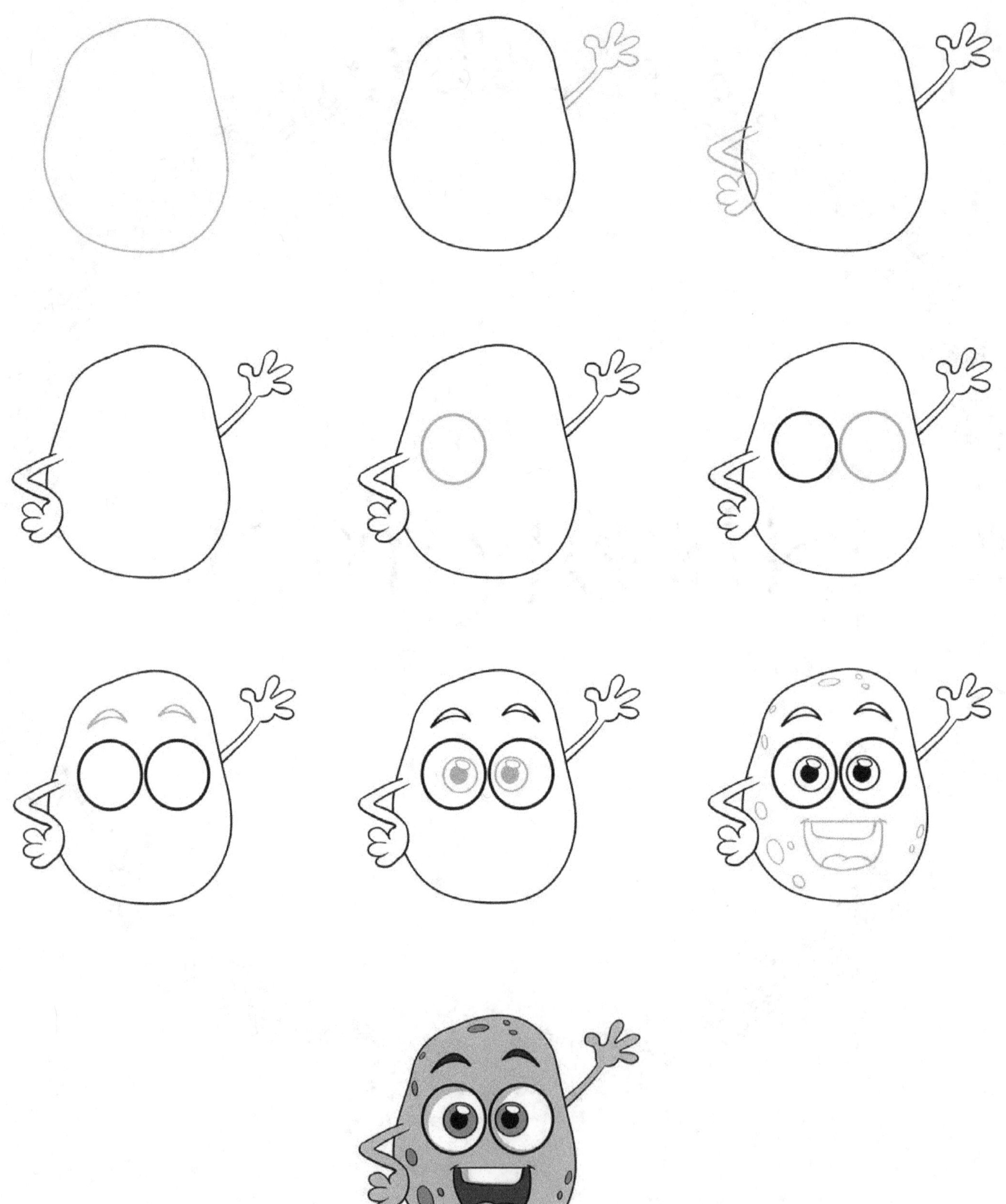

Ha Iniziato a Praticare

Impara Per Passo

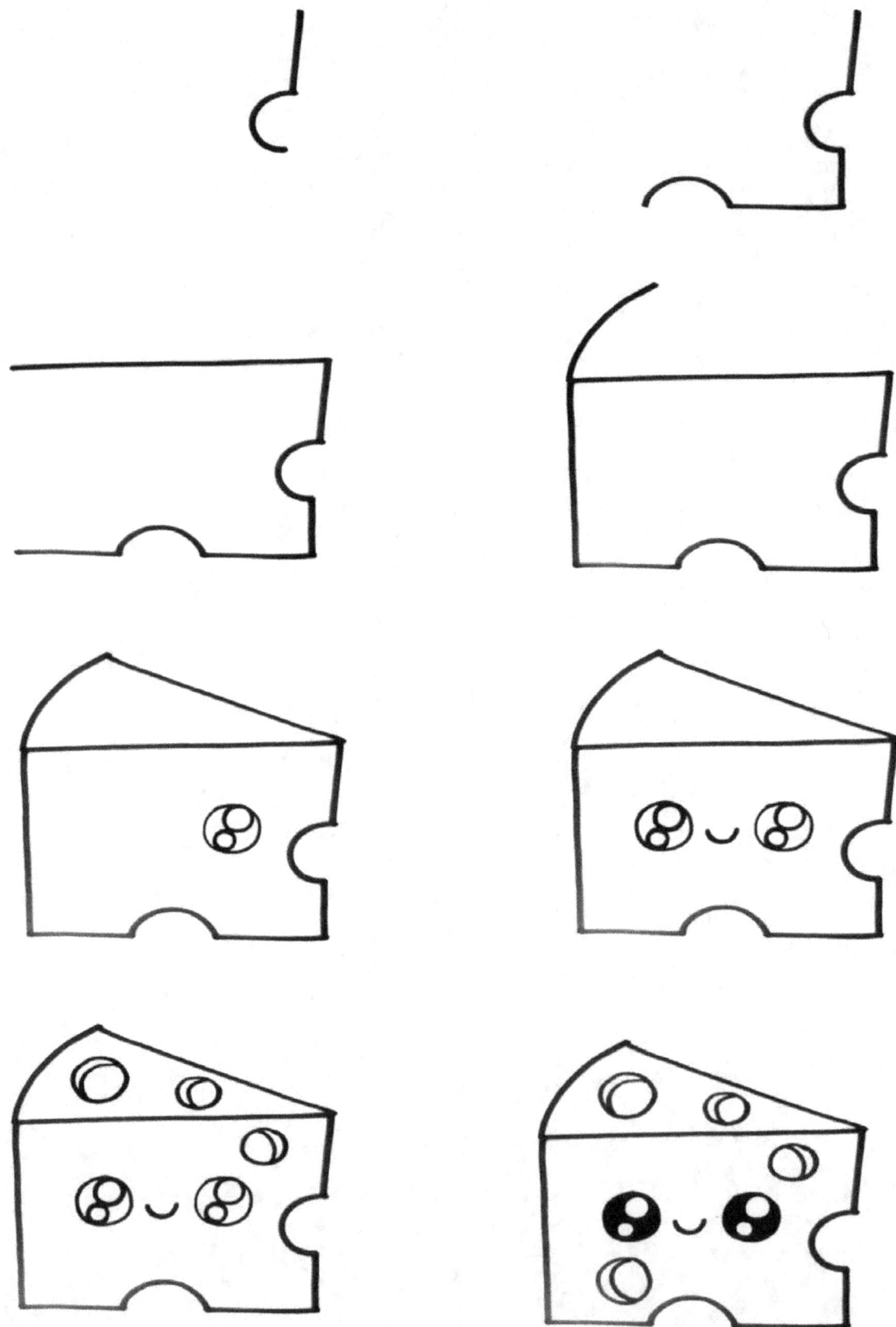

Ha Iniziato a Praticare

Ha Iniziato a Praticare

Impara Per Passo

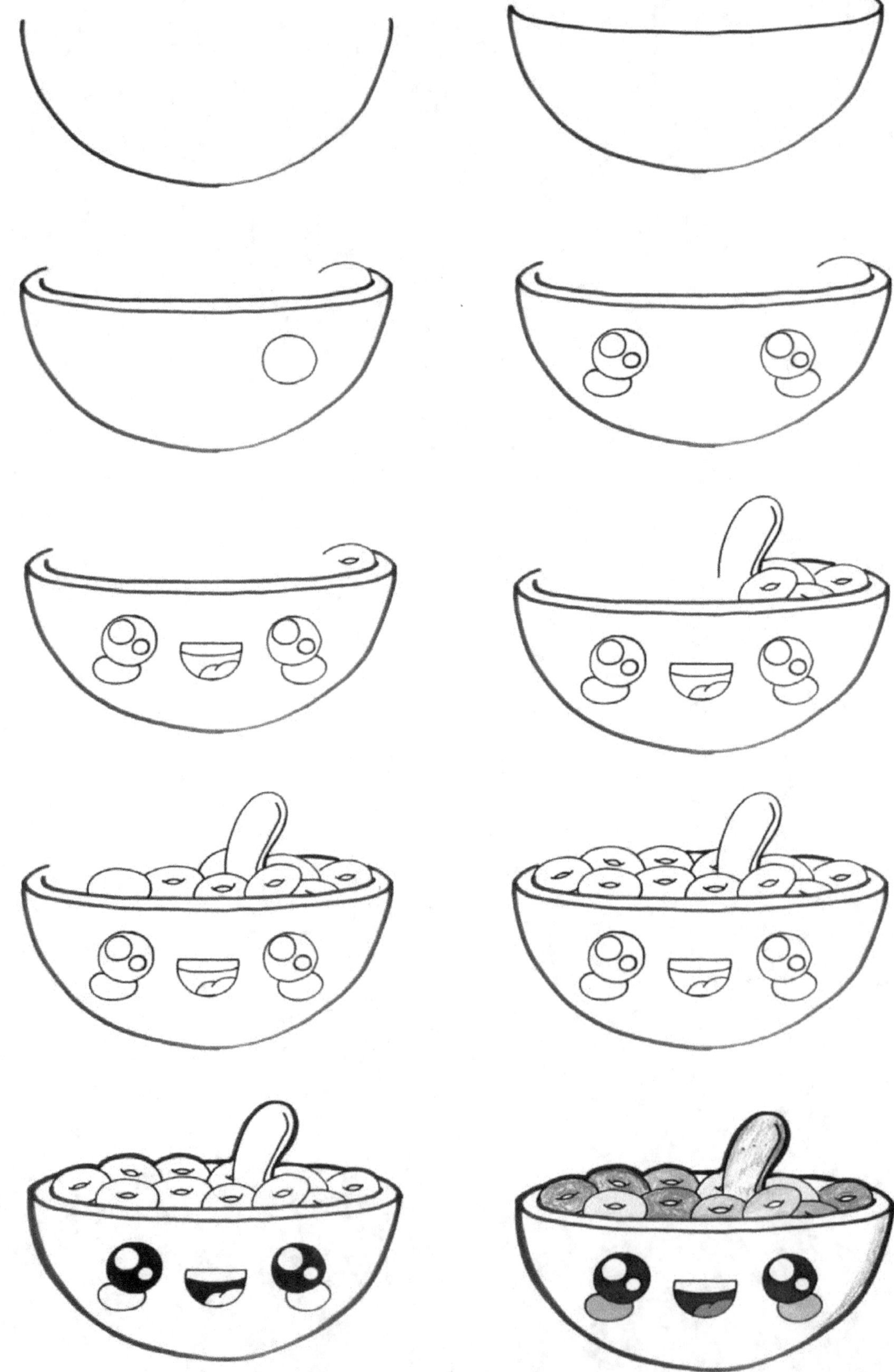

Ha Iniziato a Praticare

Ha Iniziato a Praticare

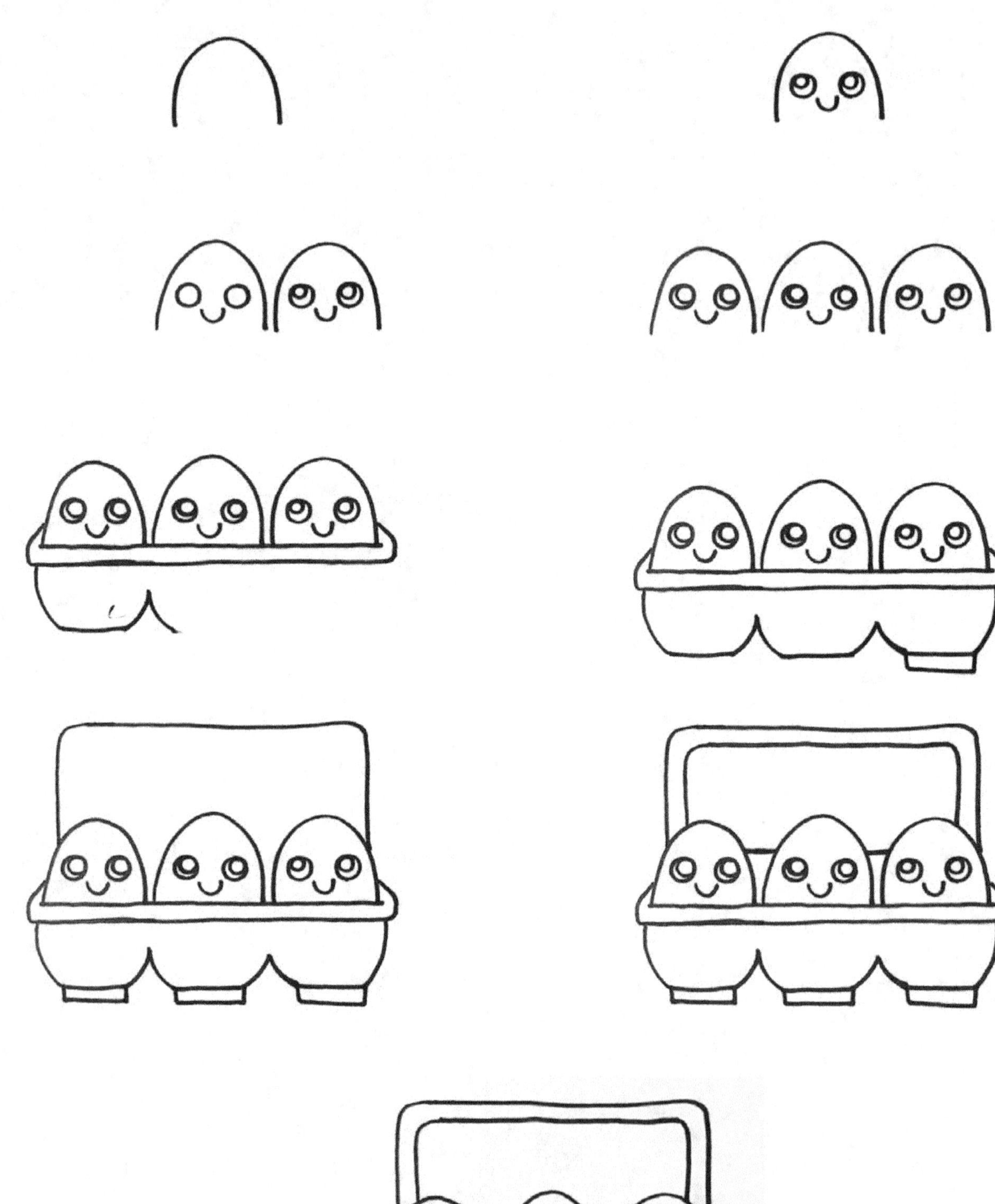

Ha Iniziato a Praticare

Impara Per Passo

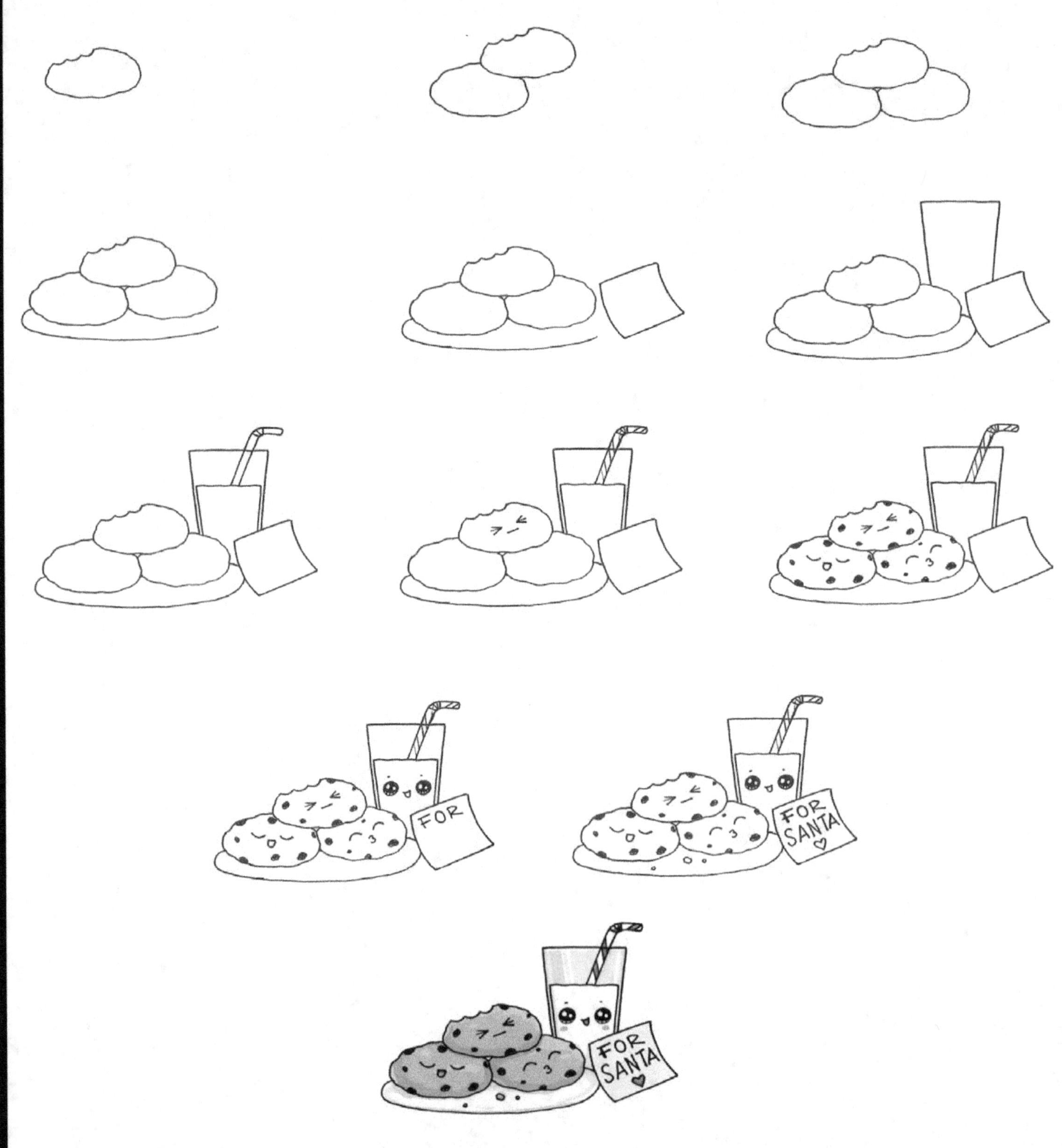

Ha Iniziato a Praticare

Impara Per Passo

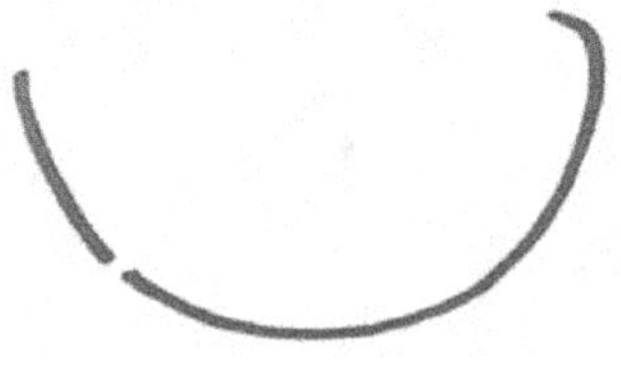
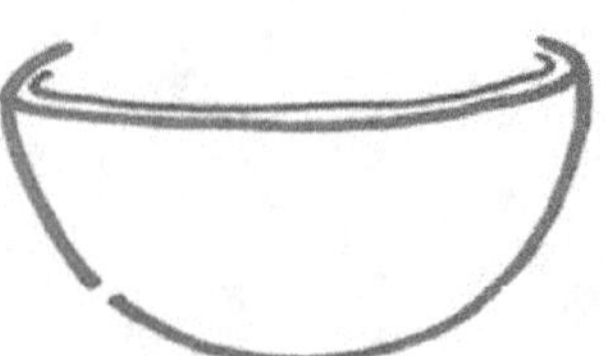
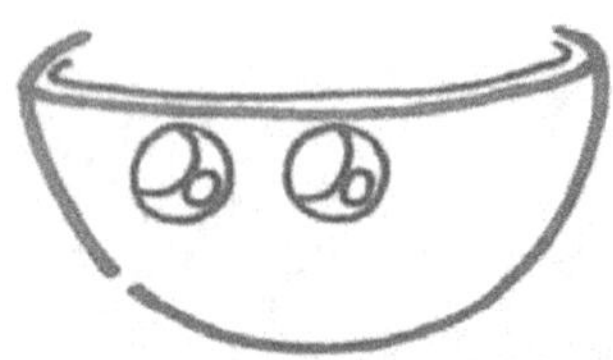
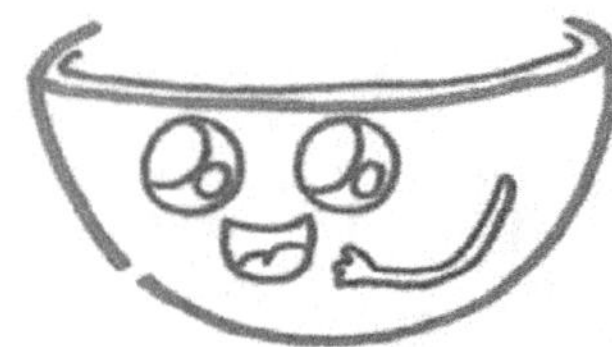
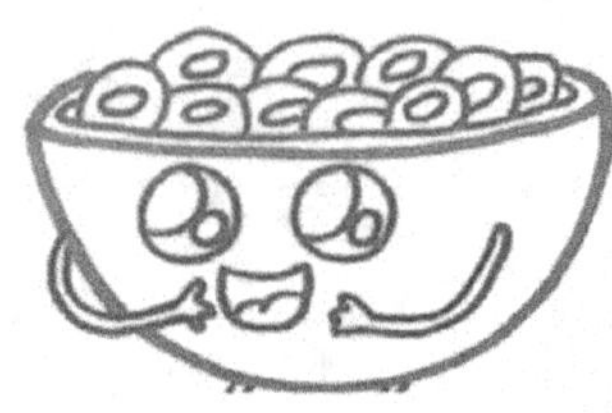
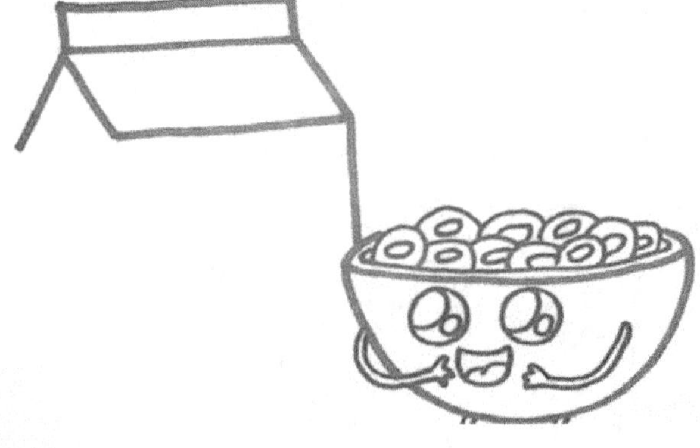
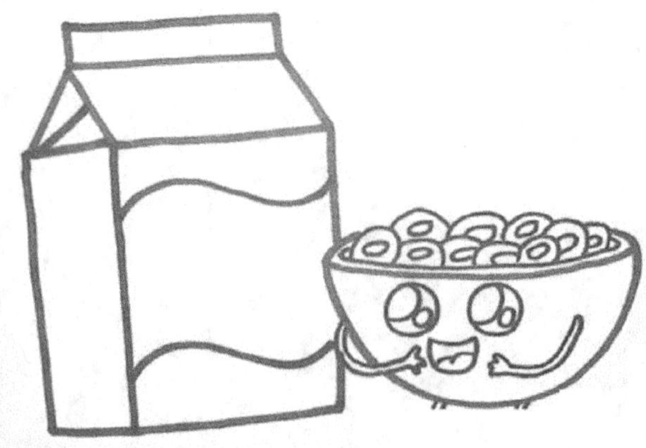
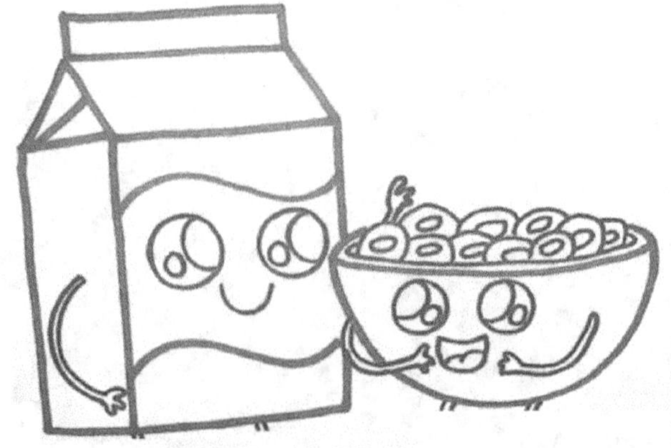

Ha Iniziato a Praticare

Impara Per Passo

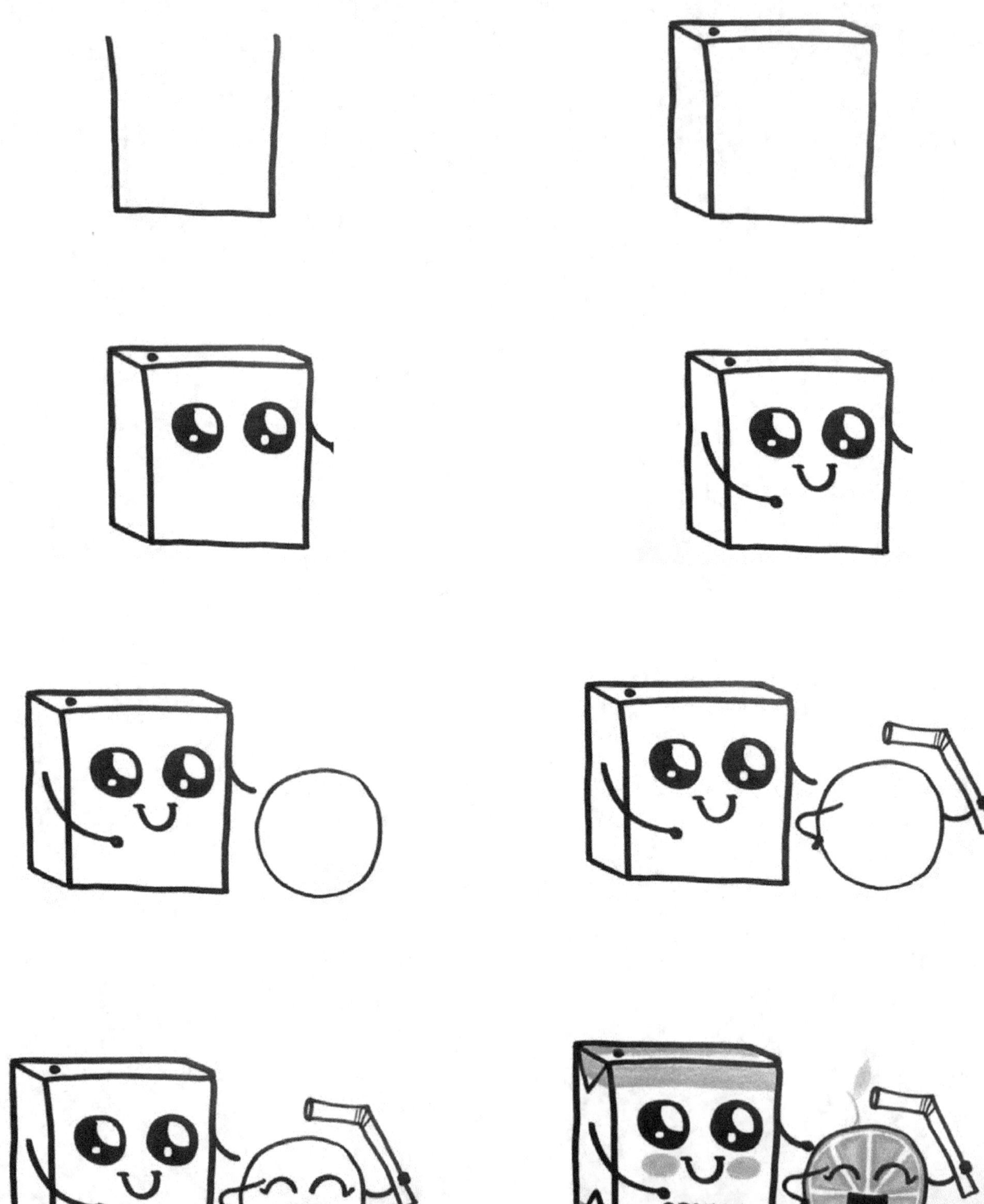

Ha Iniziato a Praticare

Ha Iniziato a Praticare

Impara Per Passo

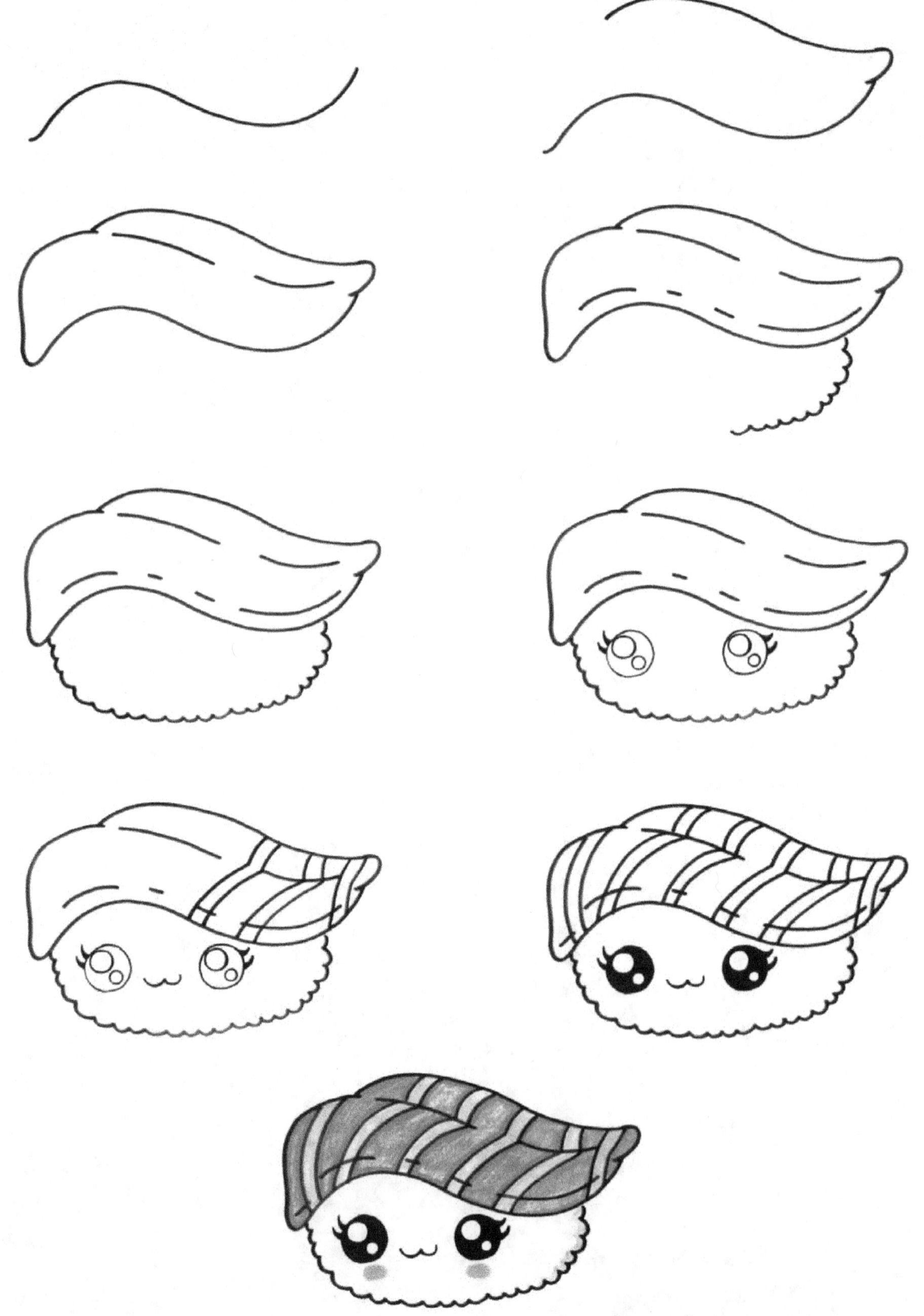

Ha Iniziato a Praticare

Impara Per Passo

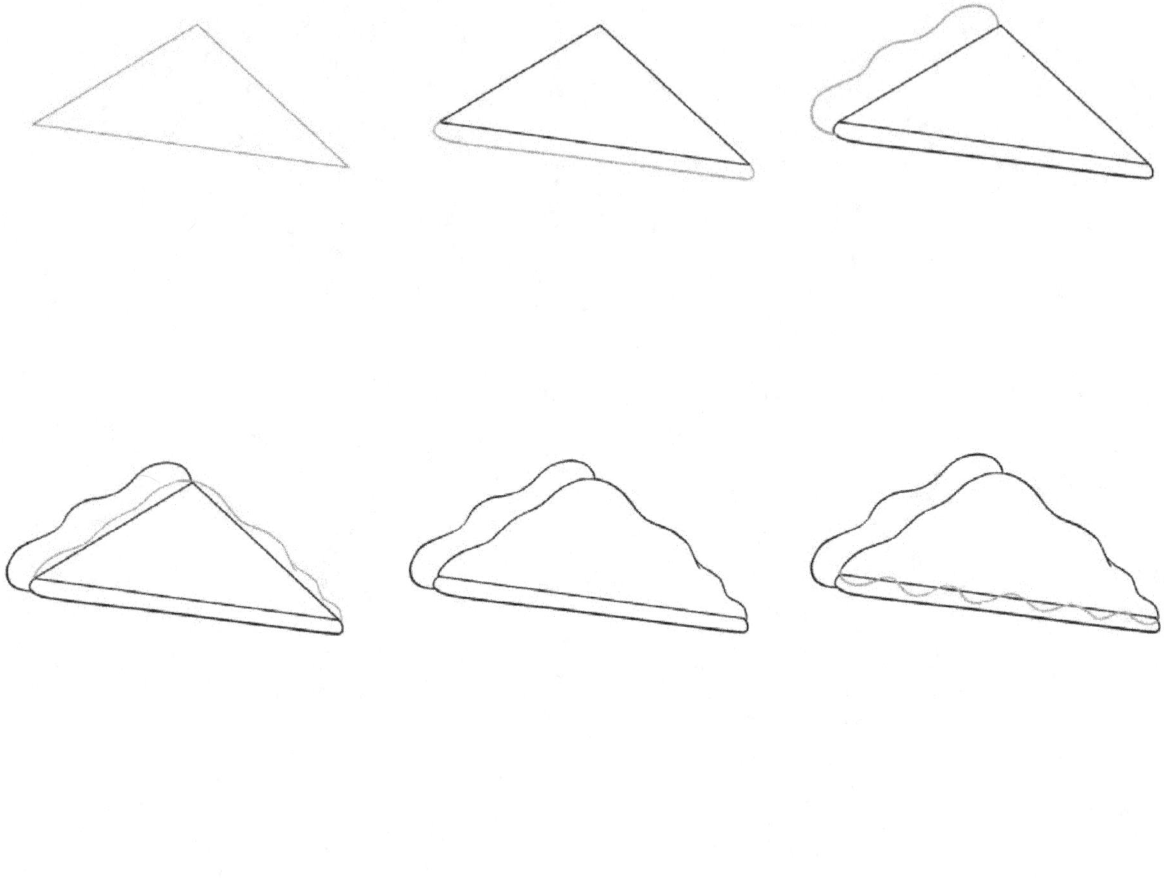

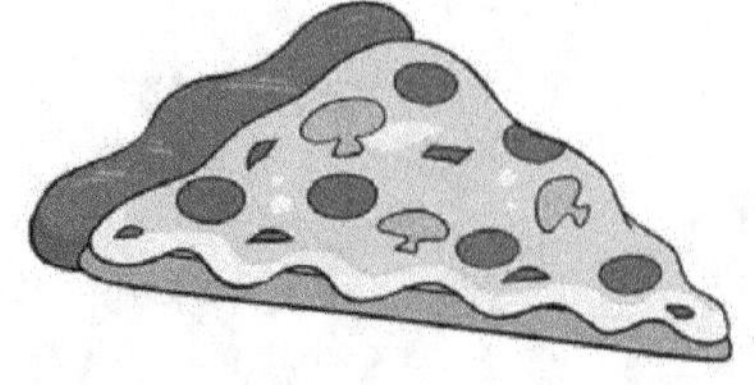

Ha Iniziato a Praticare

Ha Iniziato a Praticare

Impara Per Passo

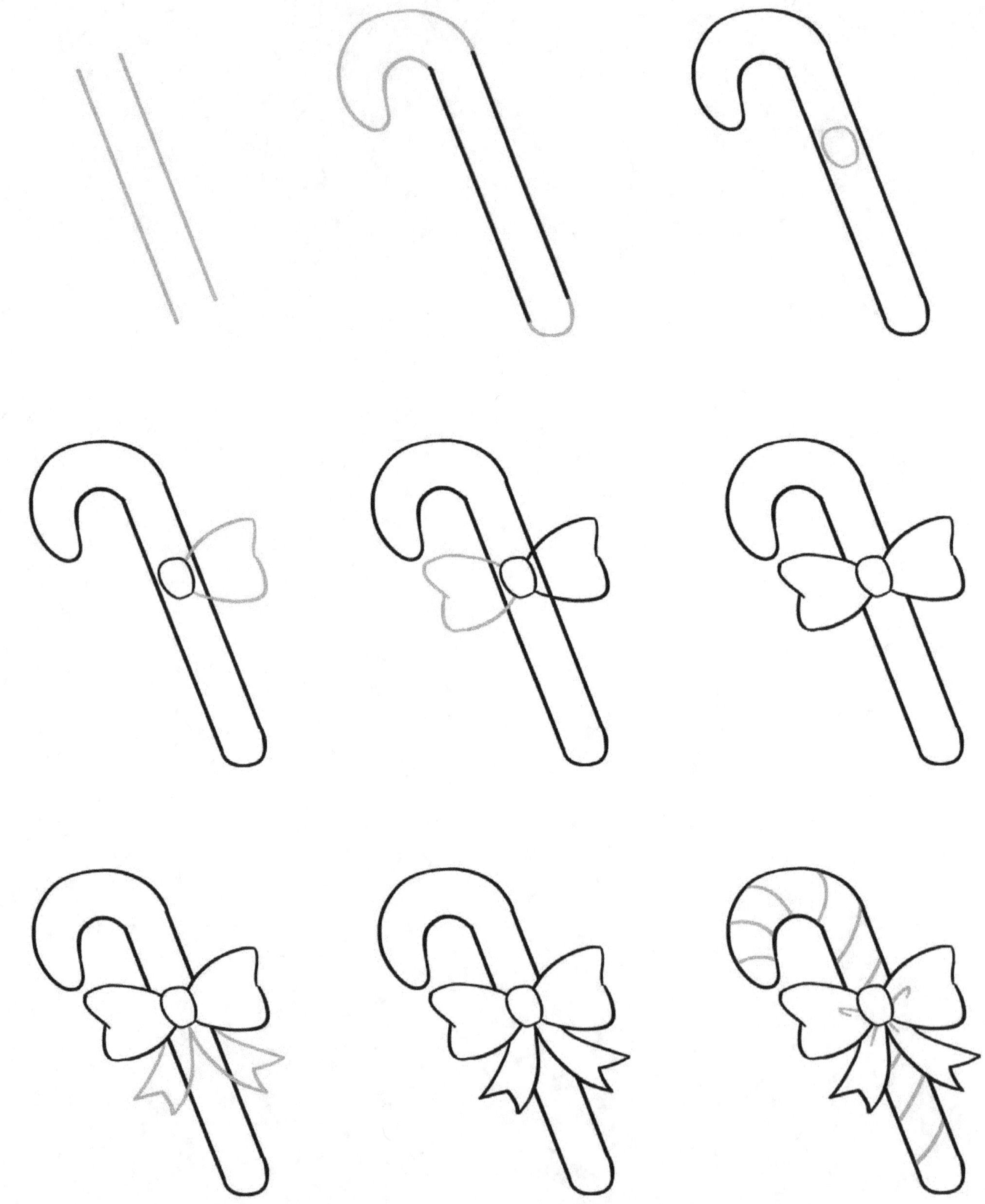

Ha Iniziato a Praticare

Ha Iniziato a Praticare

Impara Per Passo

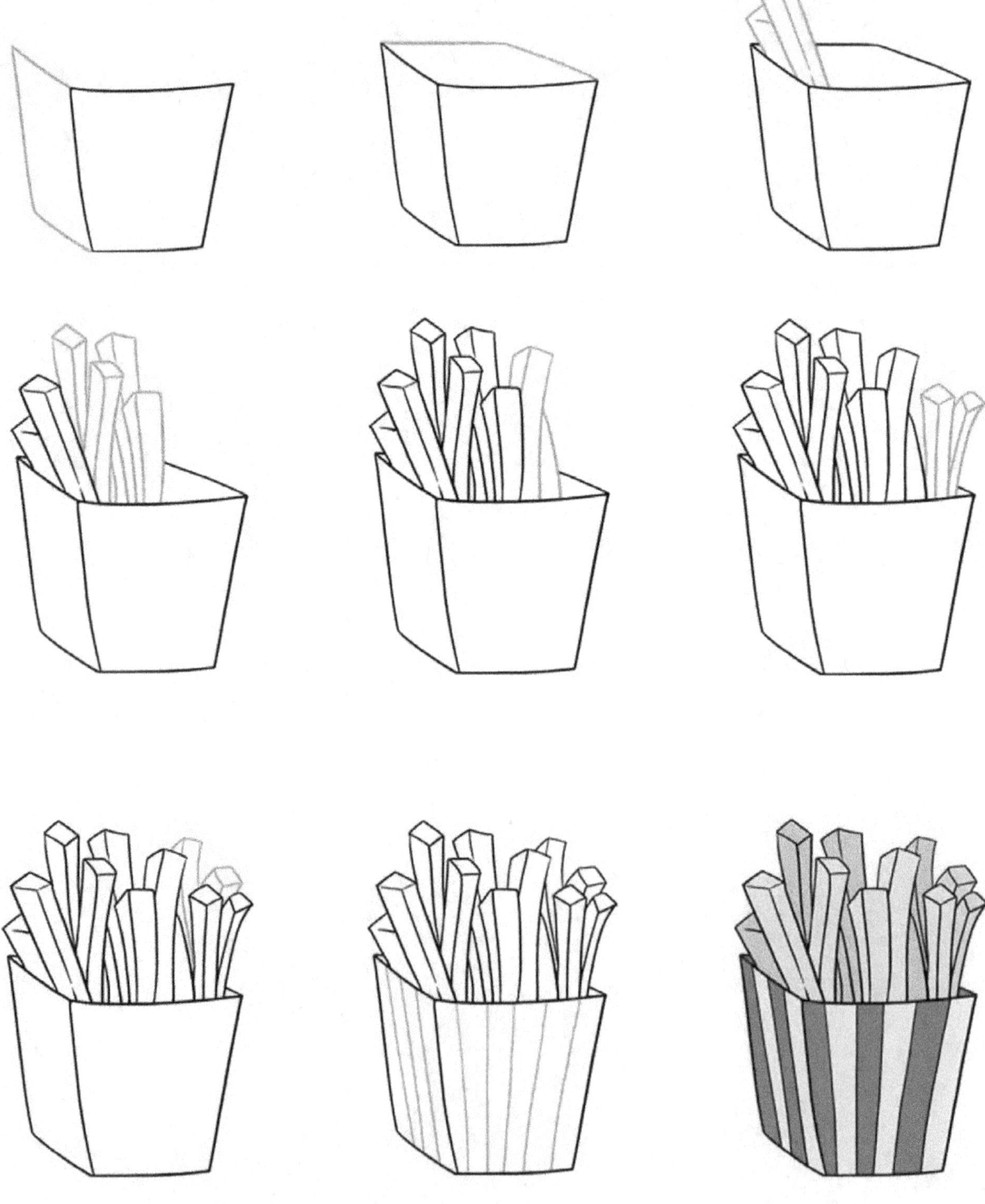

Ha Iniziato a Praticare

Ha Iniziato a Praticare

Impara Per Passo

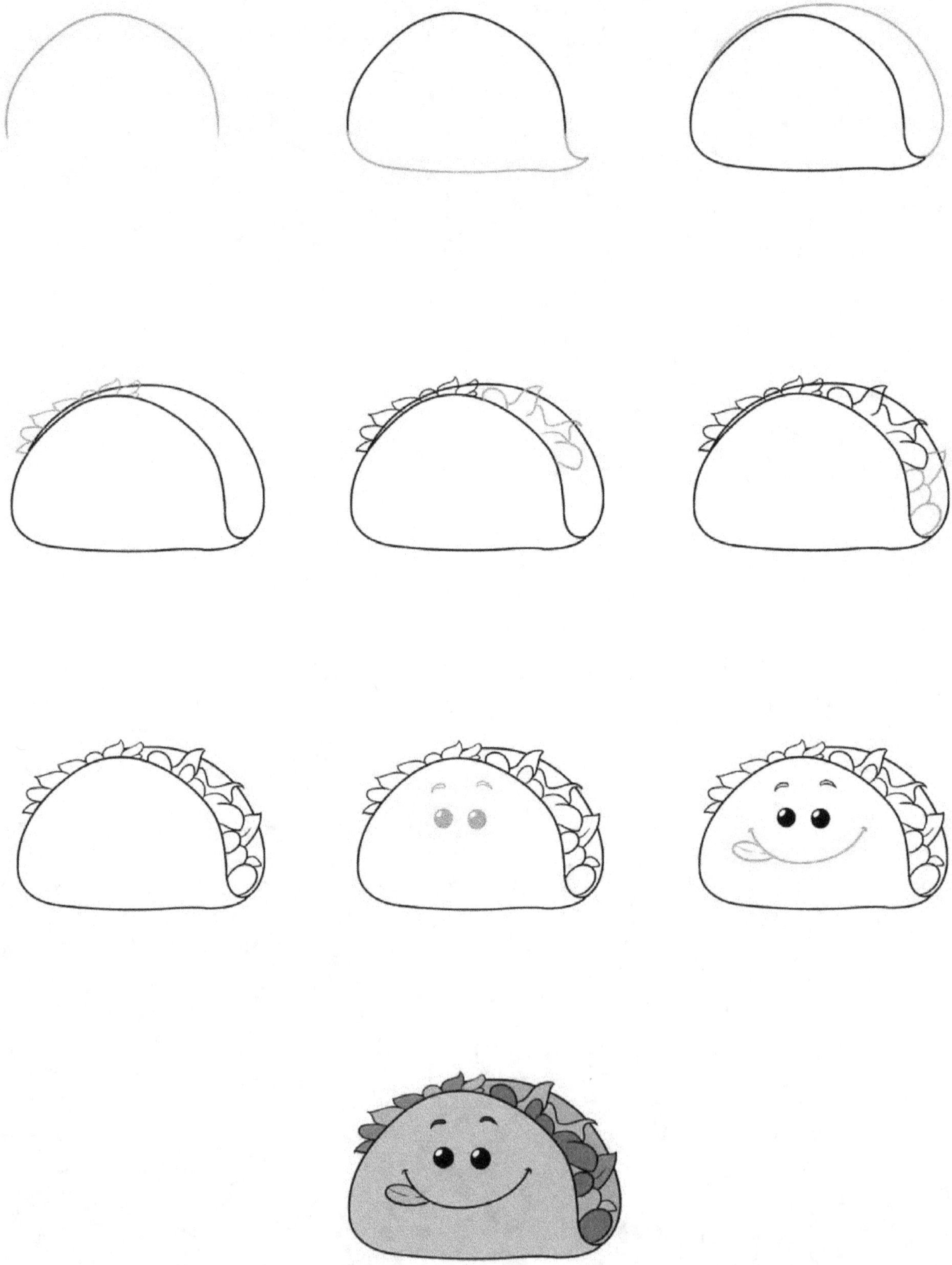

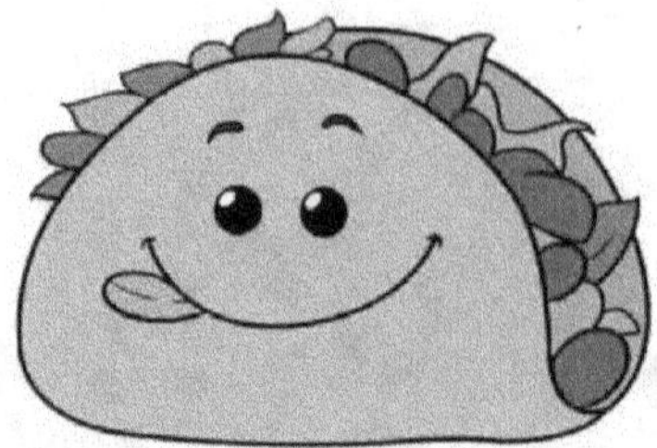

Ha Iniziato a Praticare

Ha Iniziato a Praticare

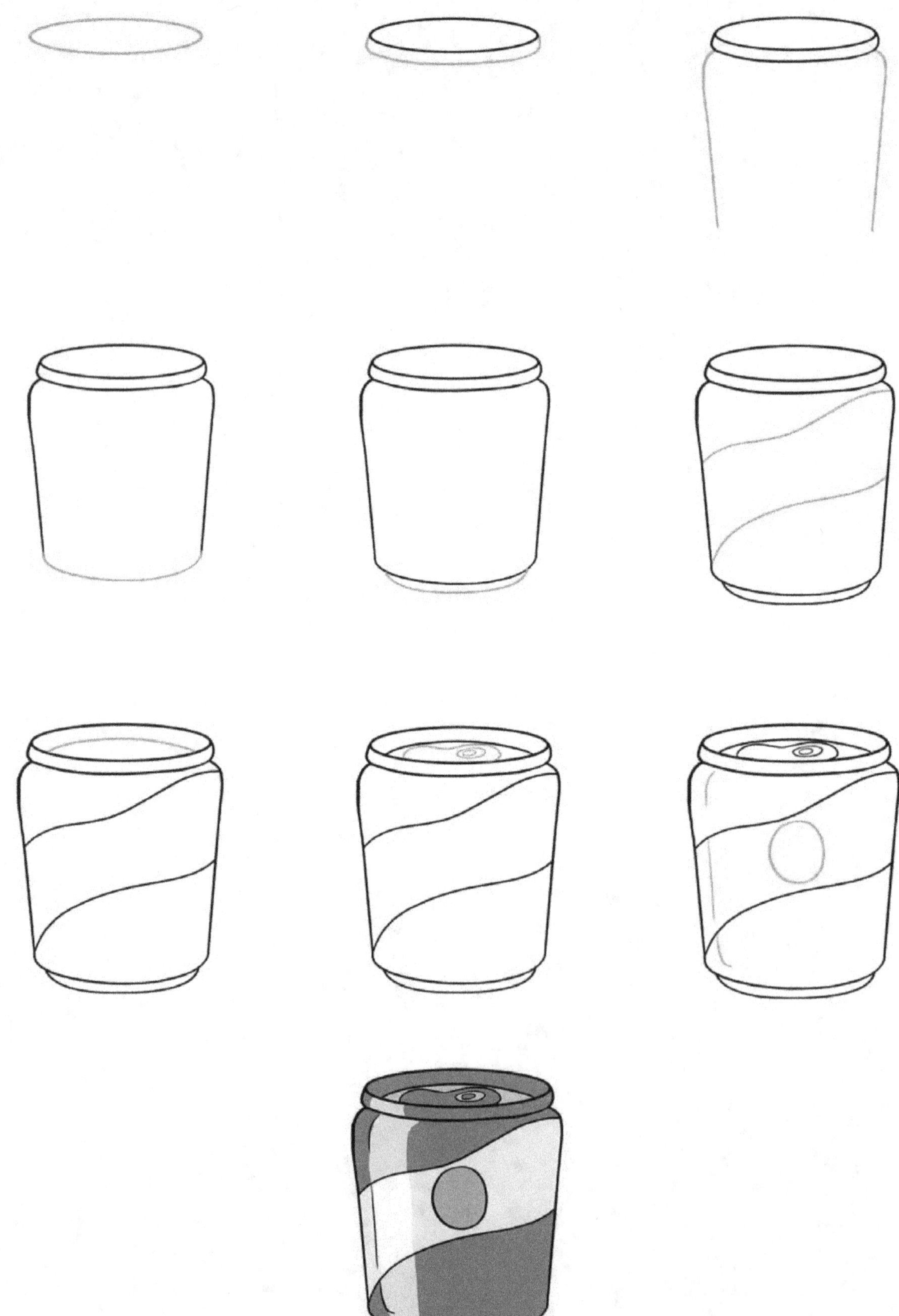

Ha Iniziato a Praticare

Ha Iniziato a Praticare

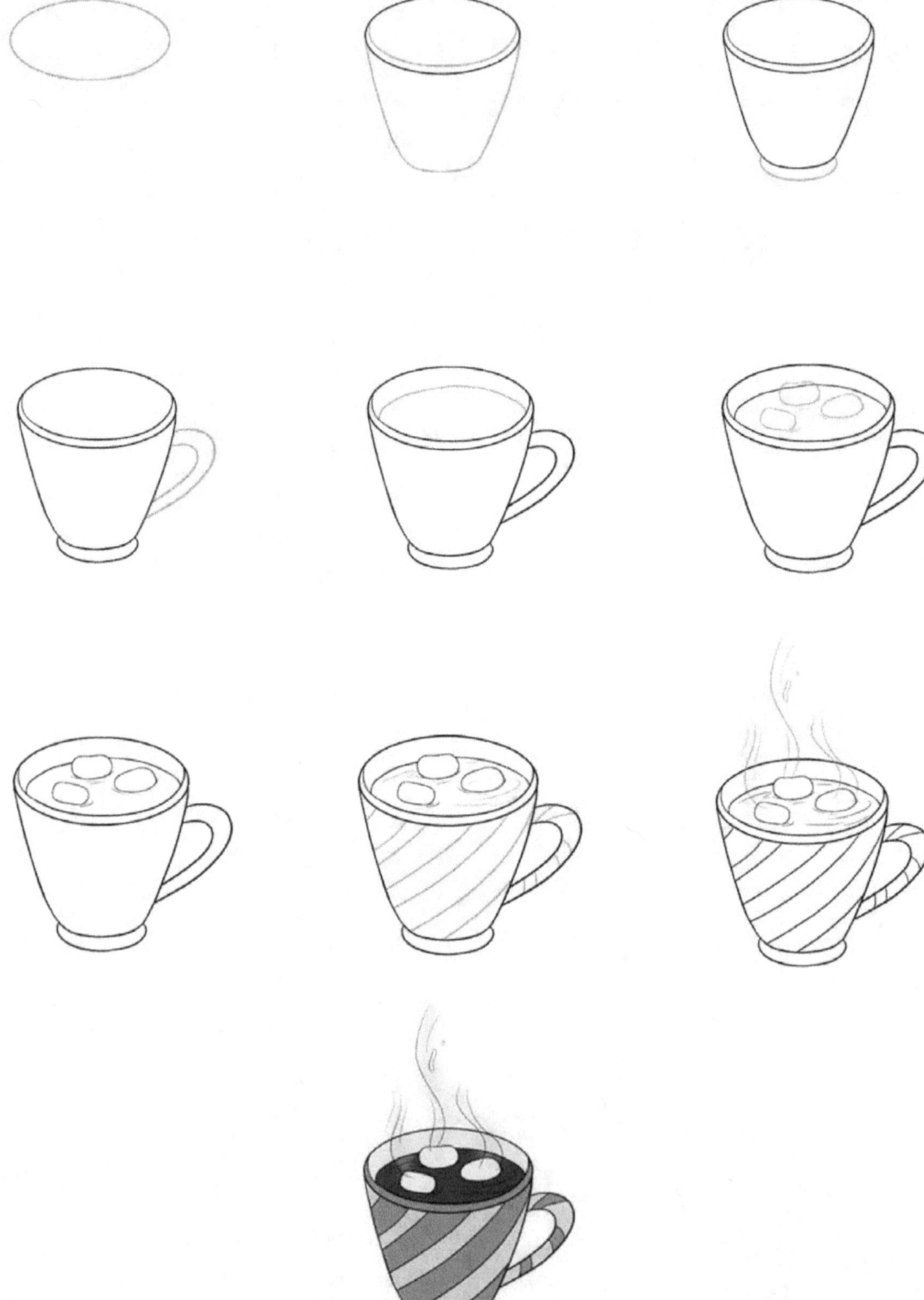

Ha Iniziato a Praticare

Impara Per Passo

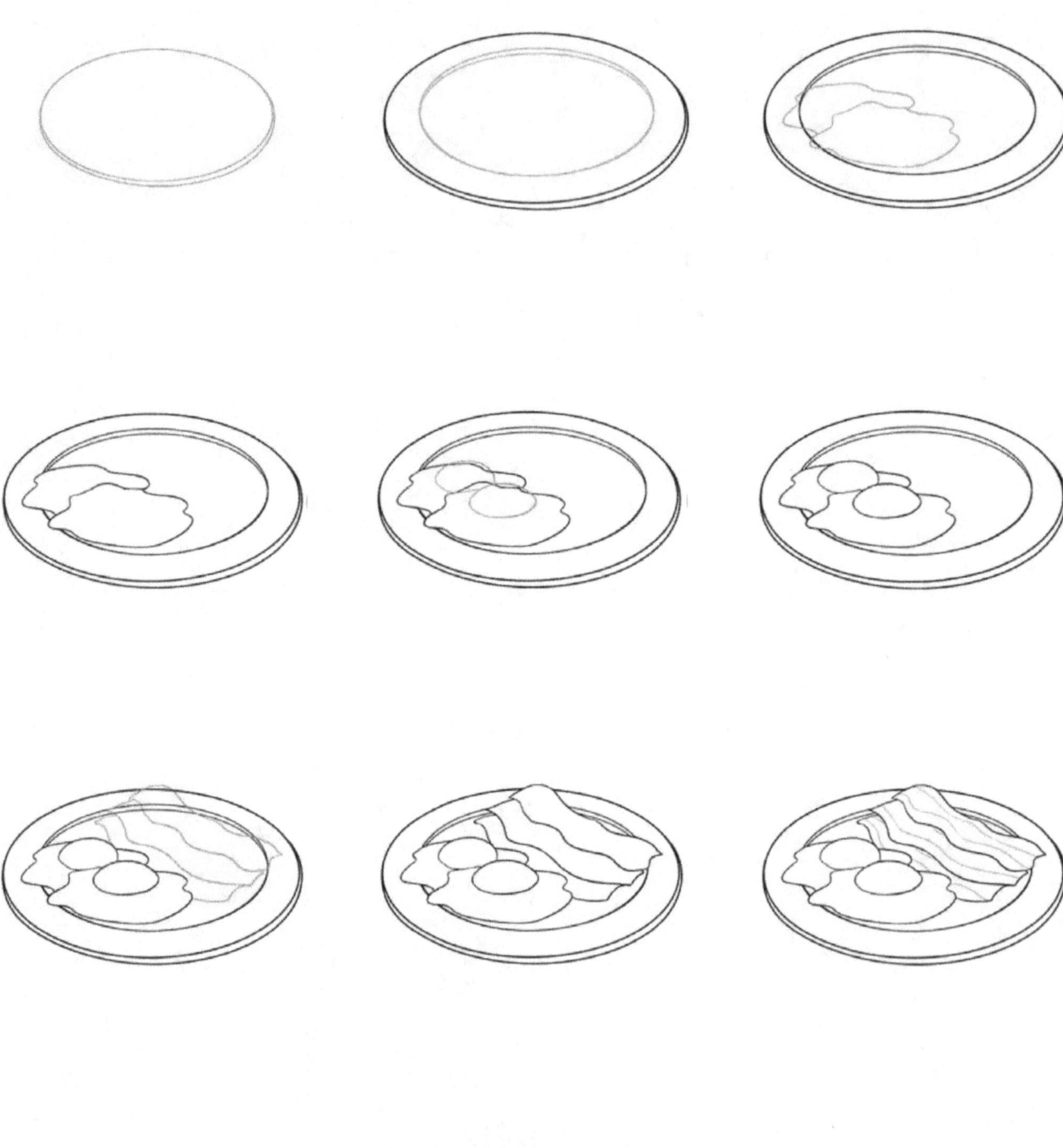

Ha Iniziato a Praticare

Impara Per Passo

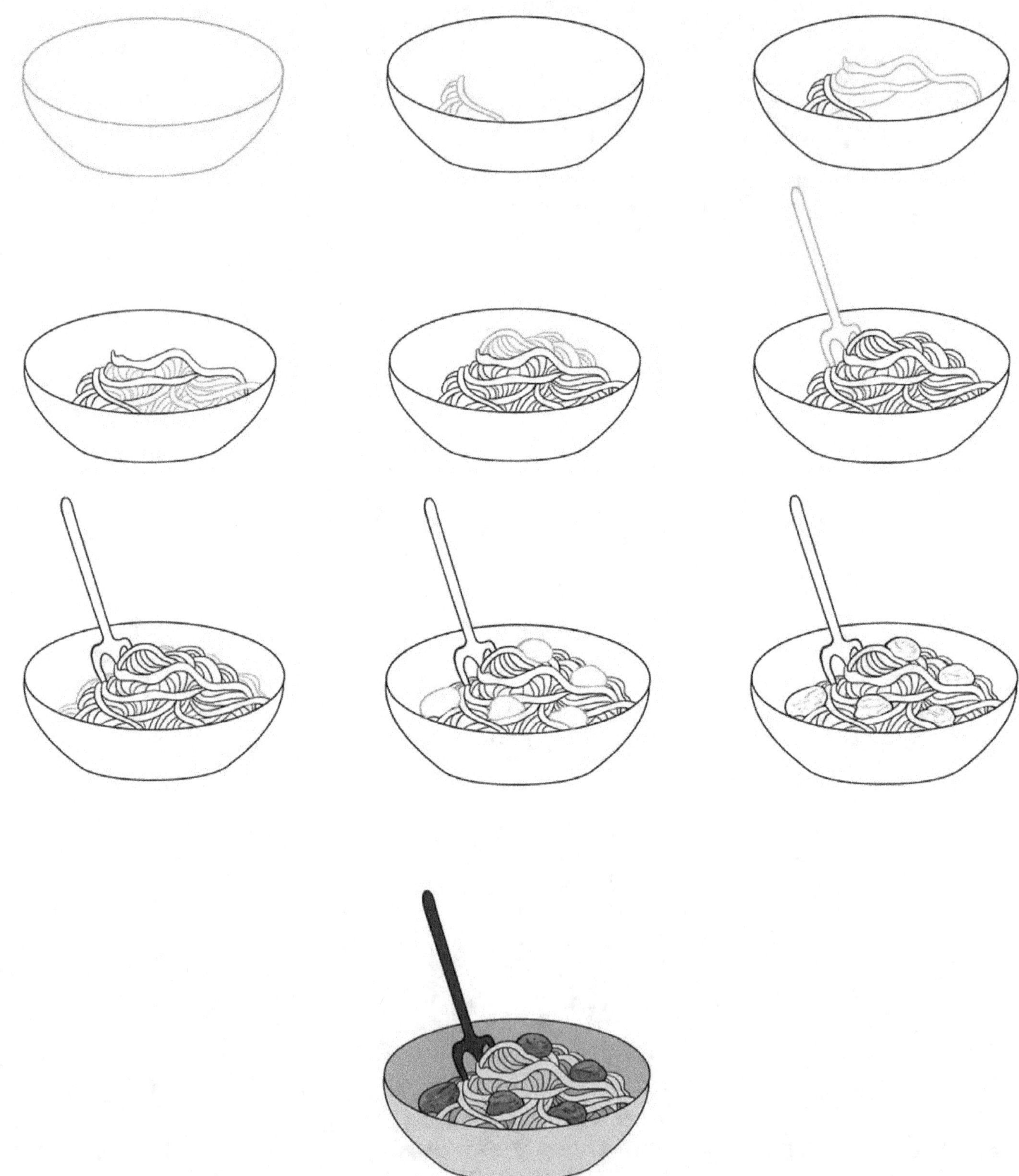

Ha Iniziato a Praticare

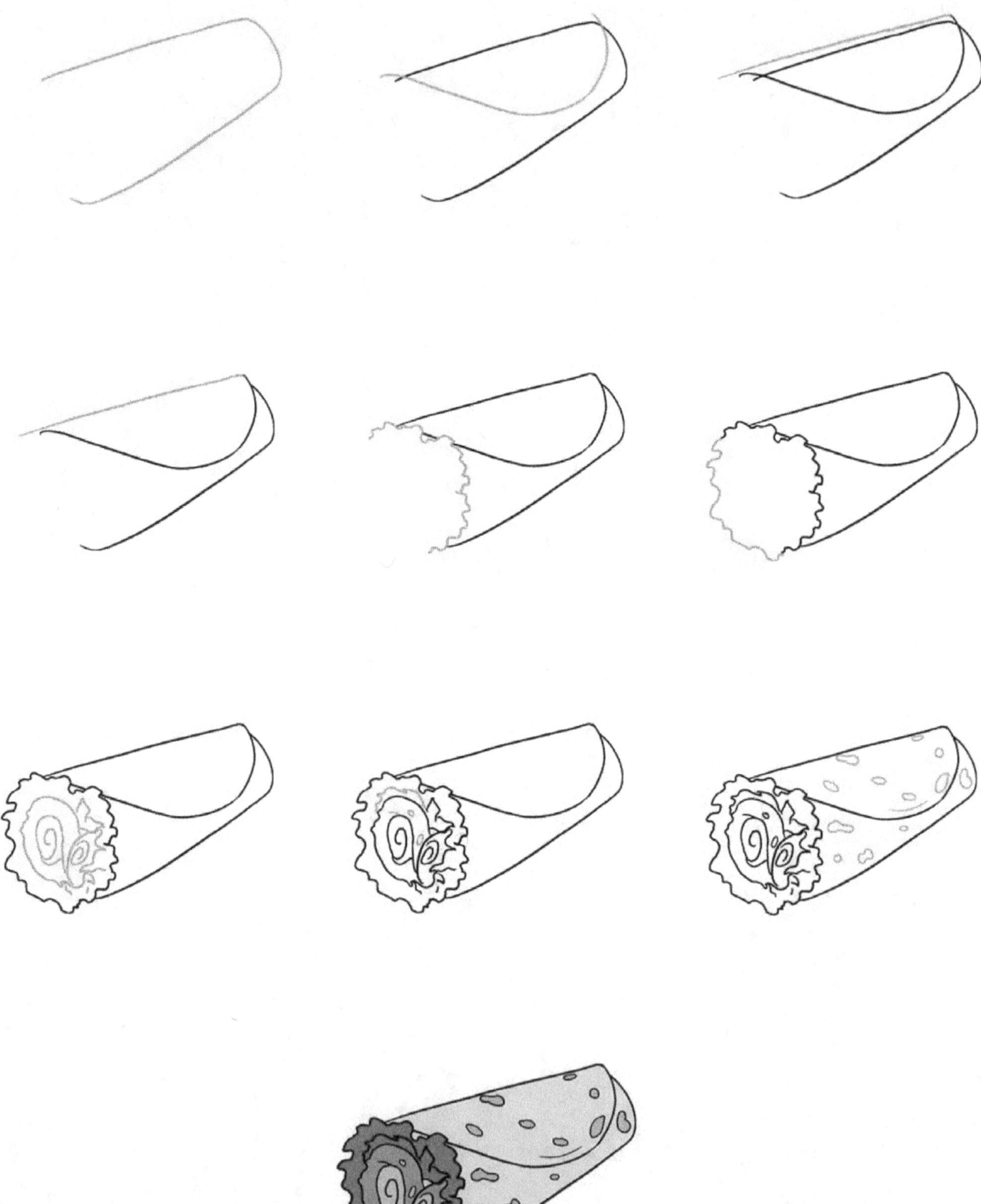

Ha Iniziato a Praticare

Ha Iniziato a Praticare

Impara Per Passo

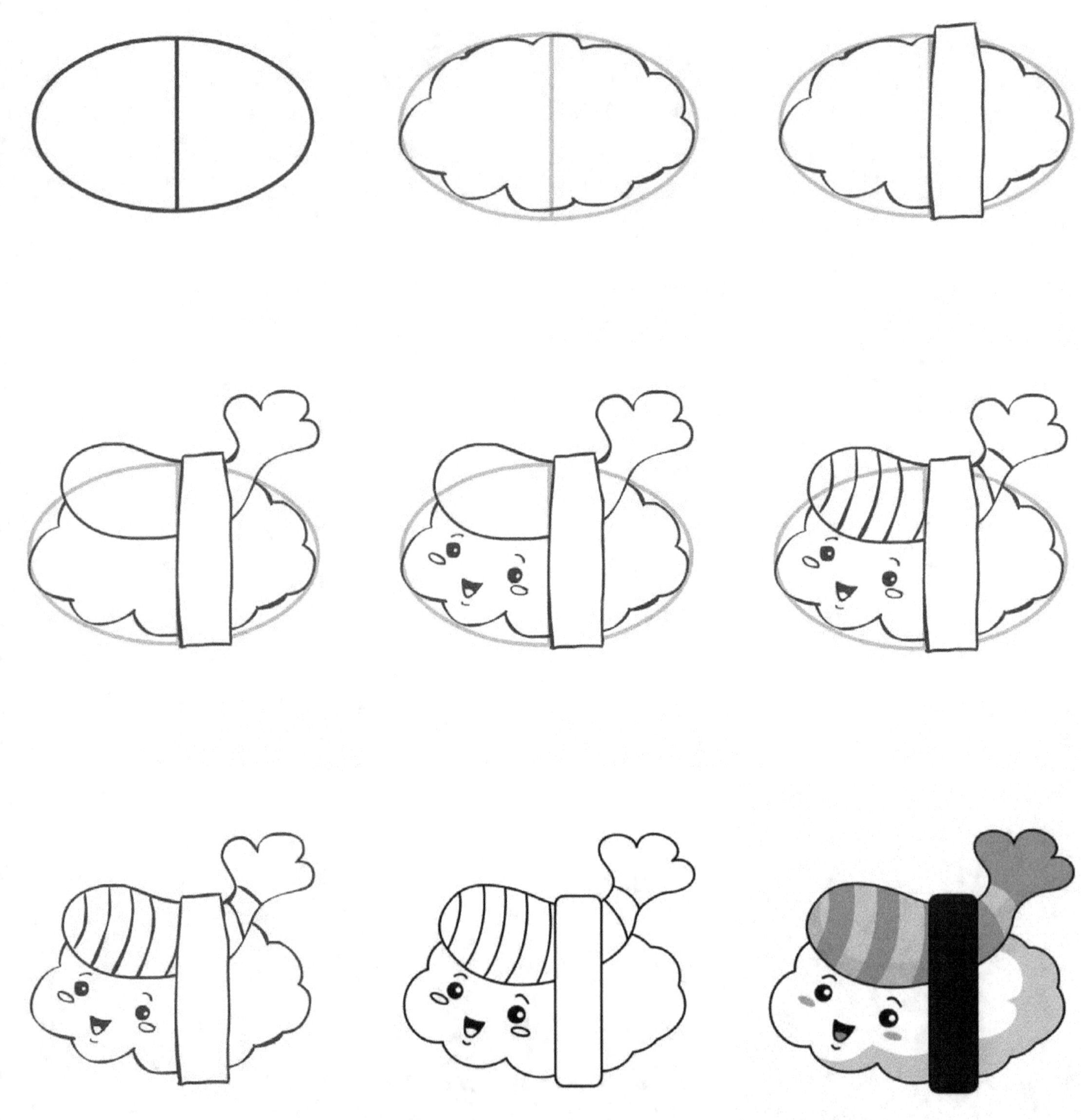

Ha Iniziato a Praticare

Impara Per Passo

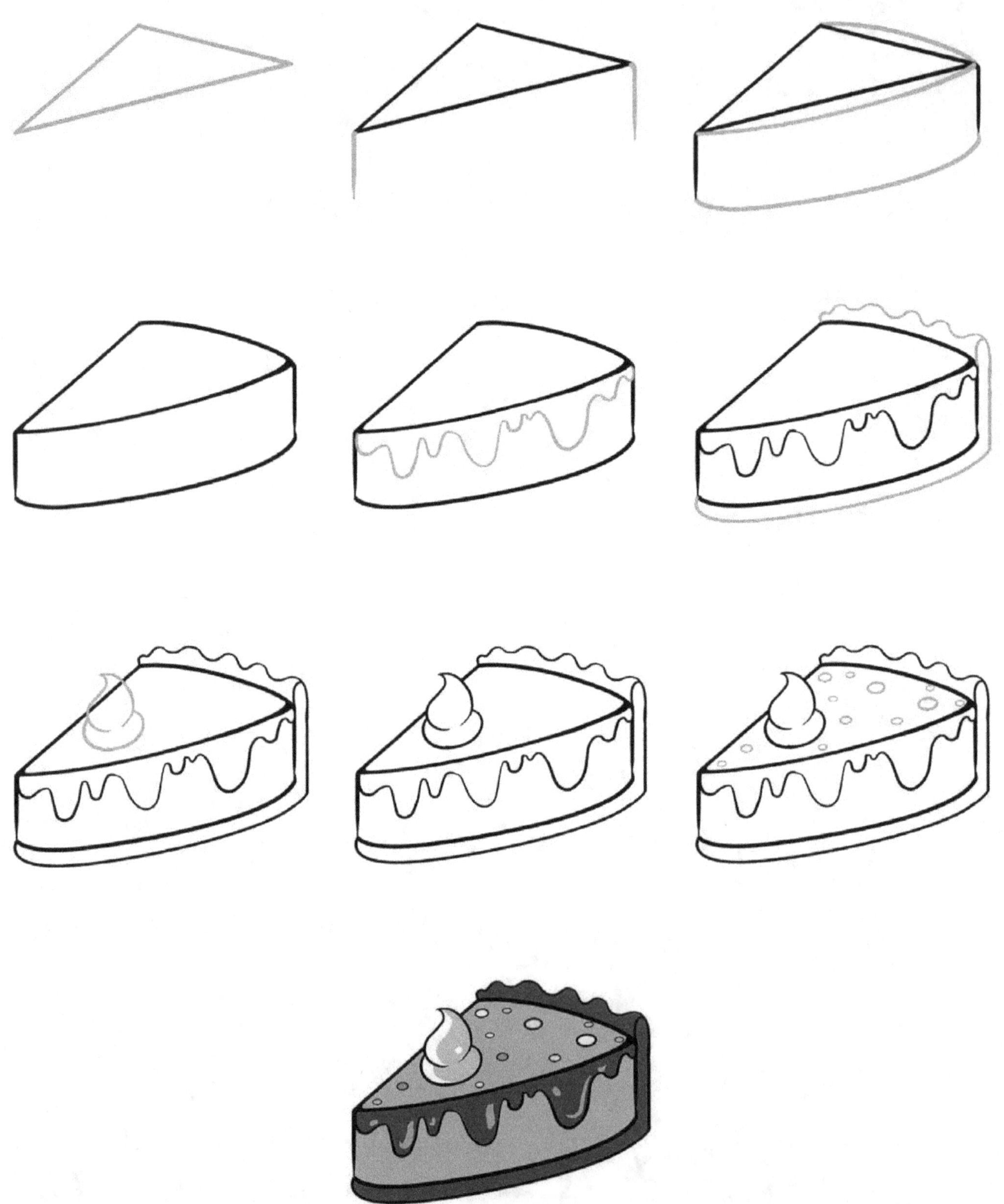

Ha Iniziato a Praticare

Ha Iniziato a Praticare

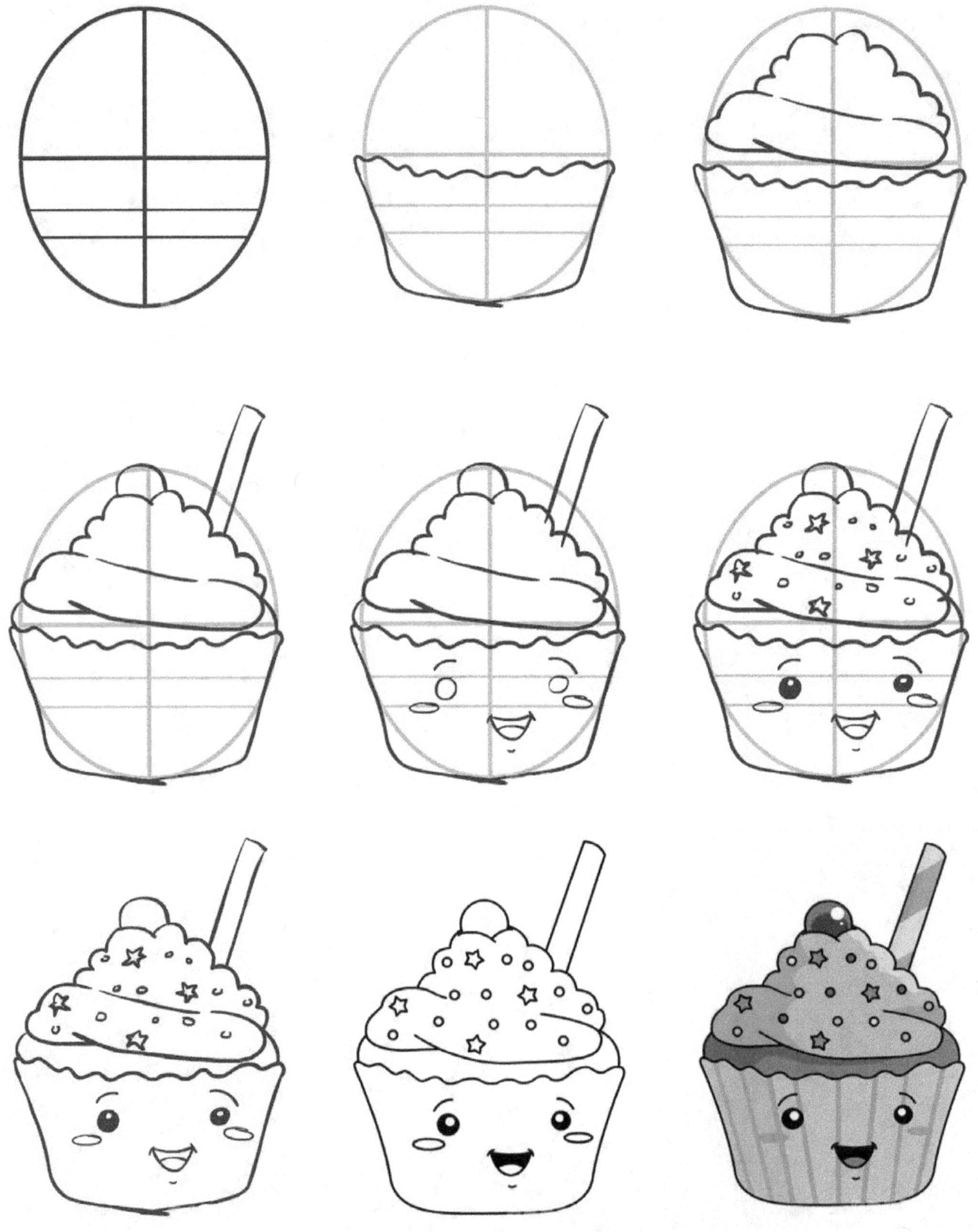

Ha Iniziato a Praticare

Impara Per Passo

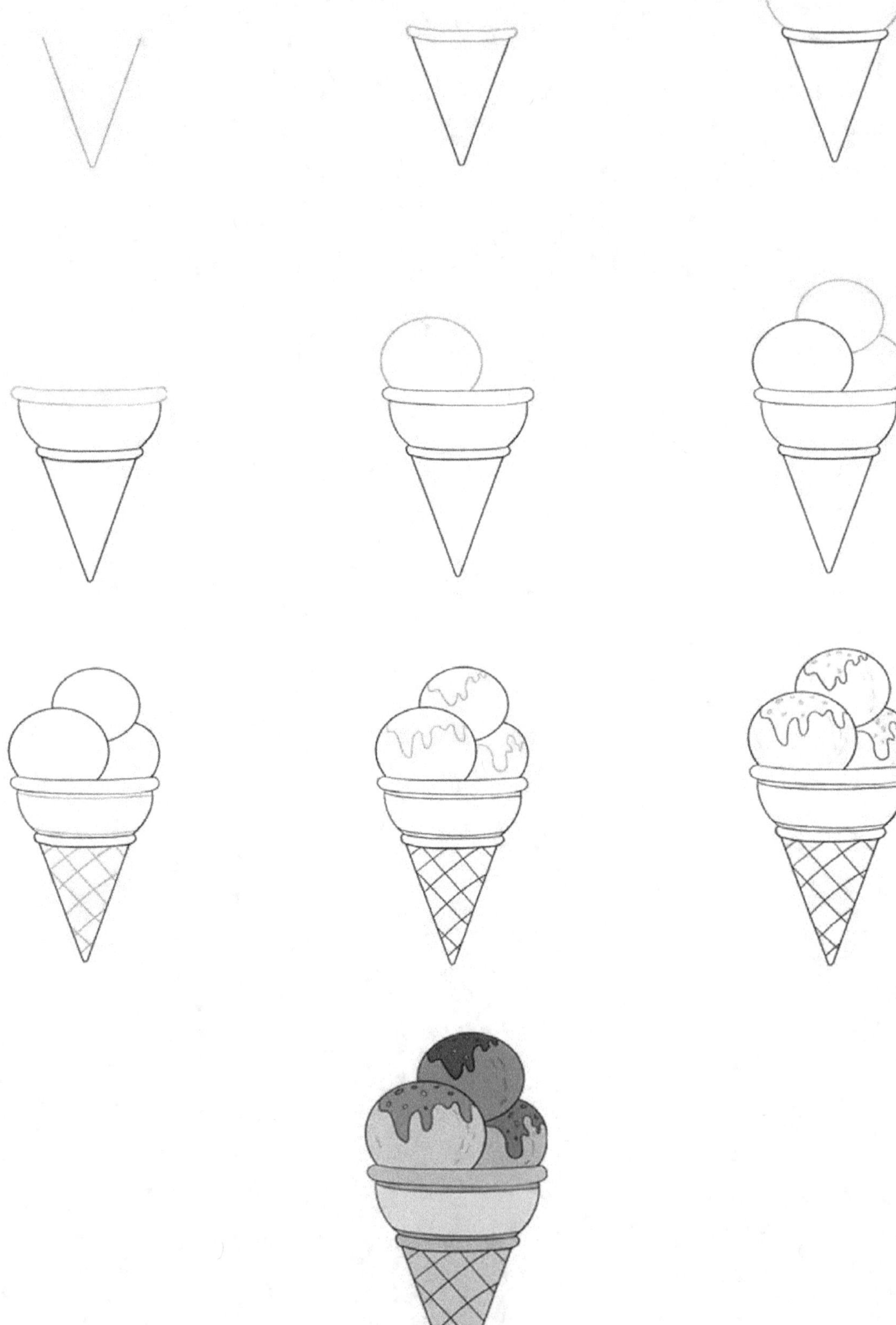

Ha Iniziato a Praticare

Ha Iniziato a Praticare

Impara Per Passo

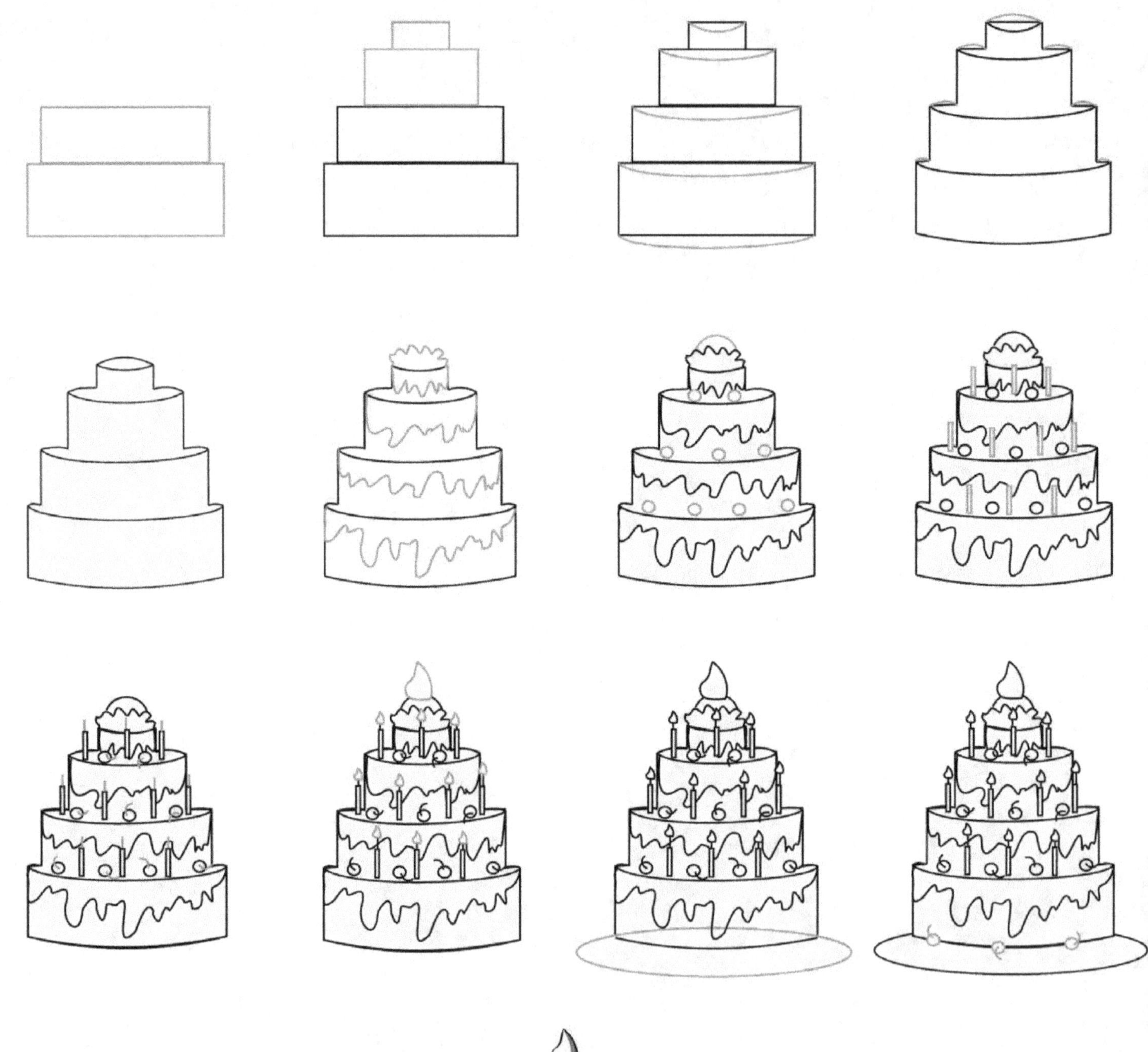

Ha Iniziato a Praticare

Ha Iniziato a Praticare

Impara Per Passo

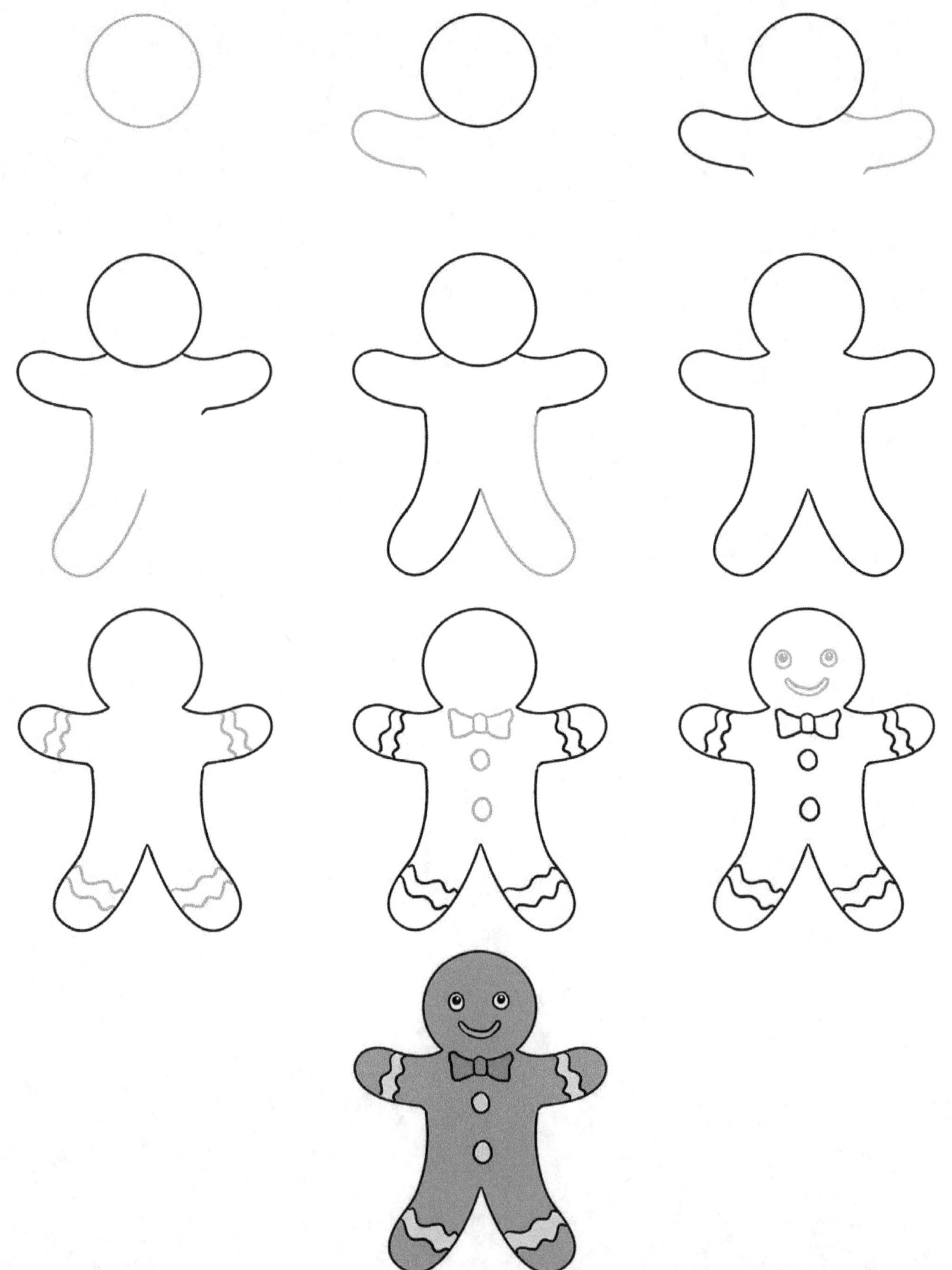

Ha Iniziato a Praticare

Impara Per Passo

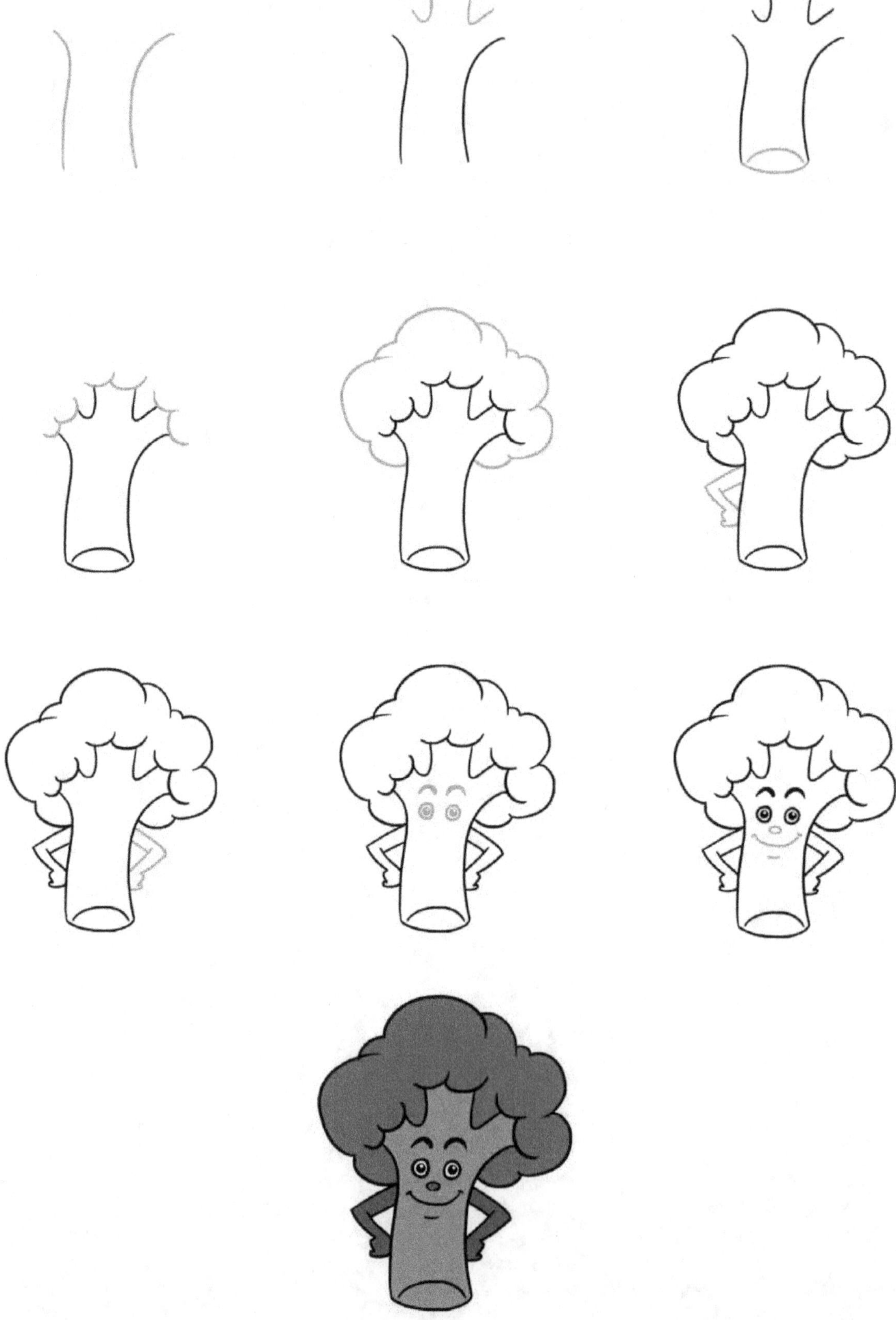

Ha Iniziato a Praticare

Ha Iniziato a Praticare

Impara Per Passo

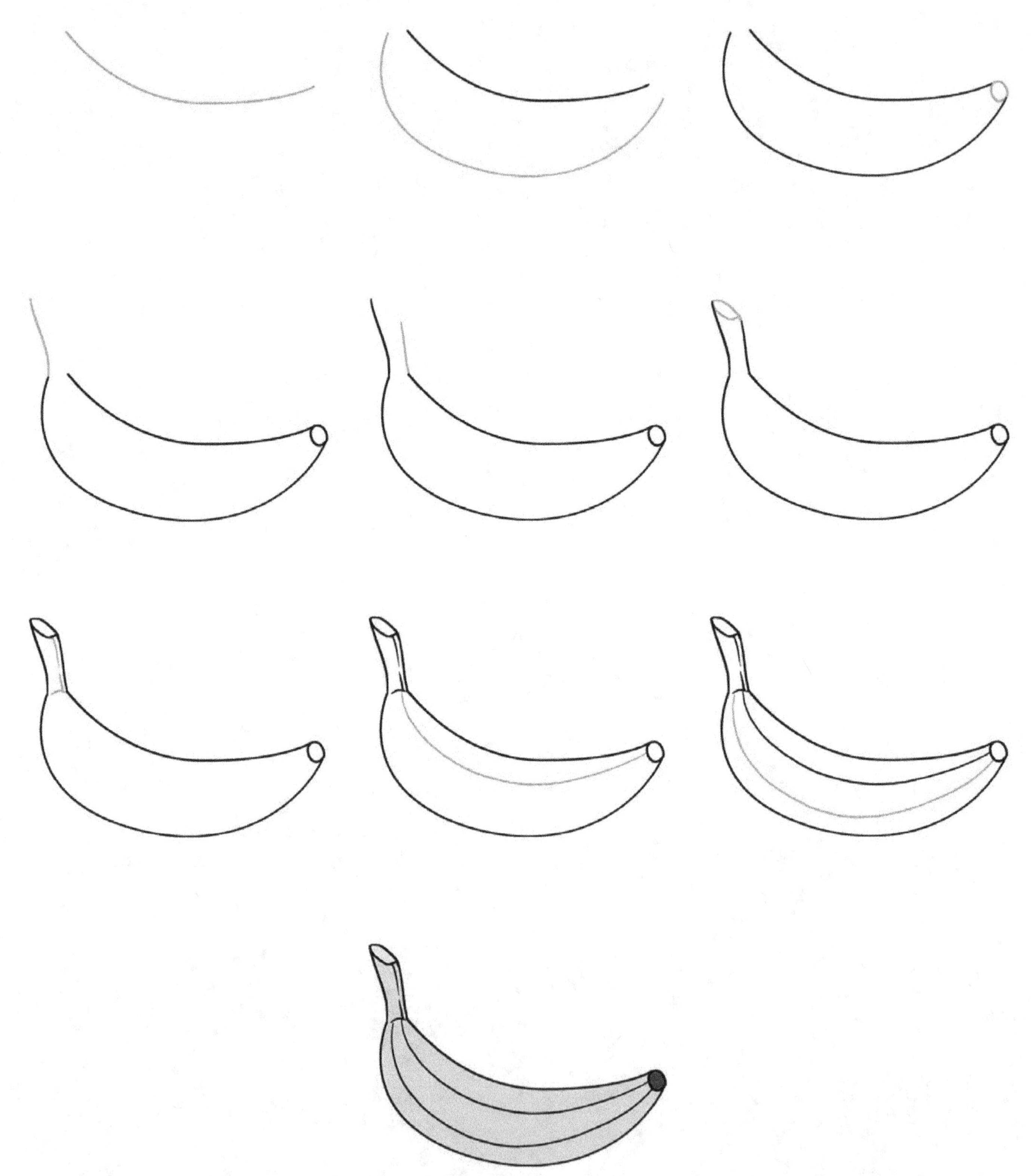

Ha Iniziato a Praticare

Ha Iniziato a Praticare

Impara Per Passo

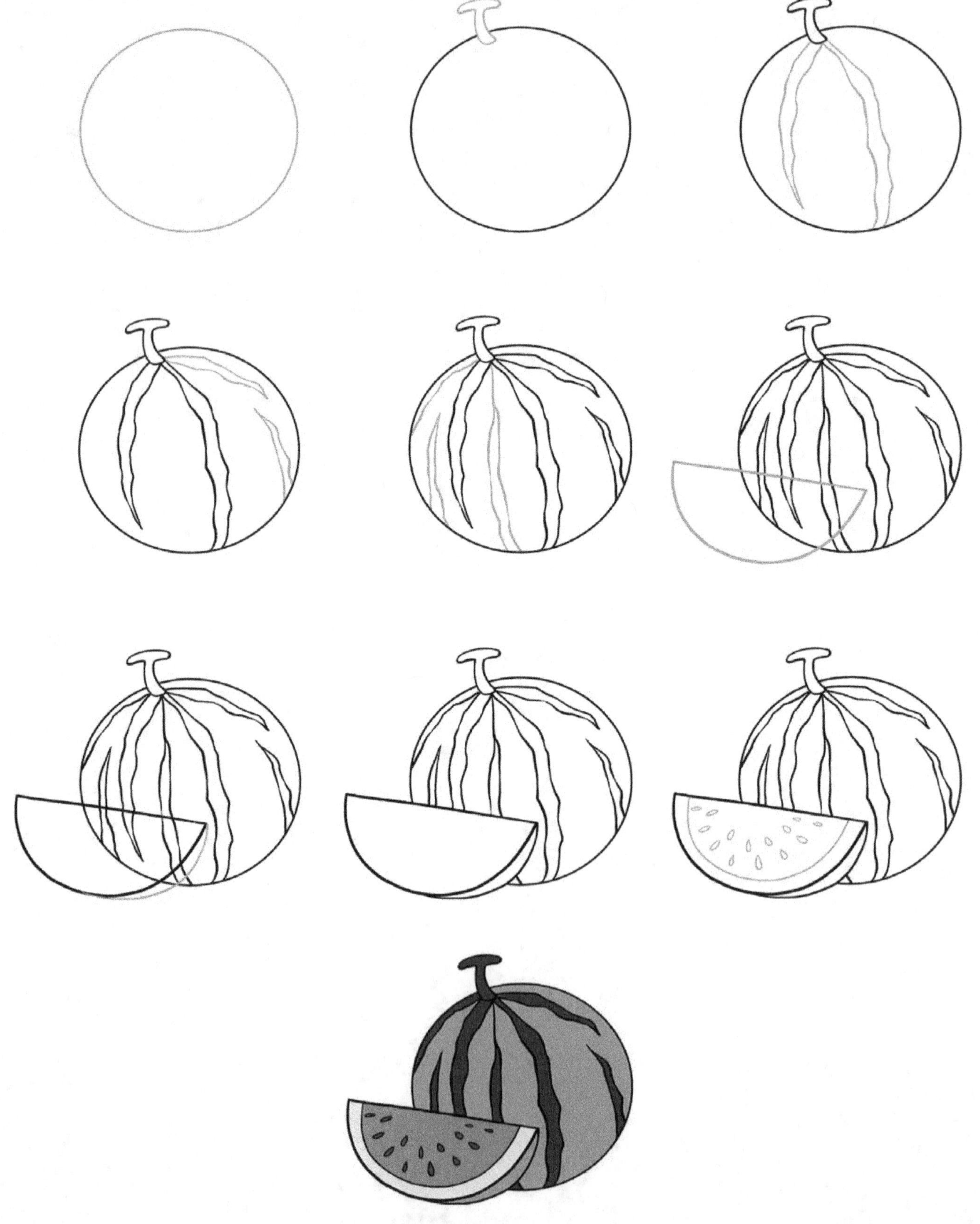

Ha Iniziato a Praticare

Impara Per Passo

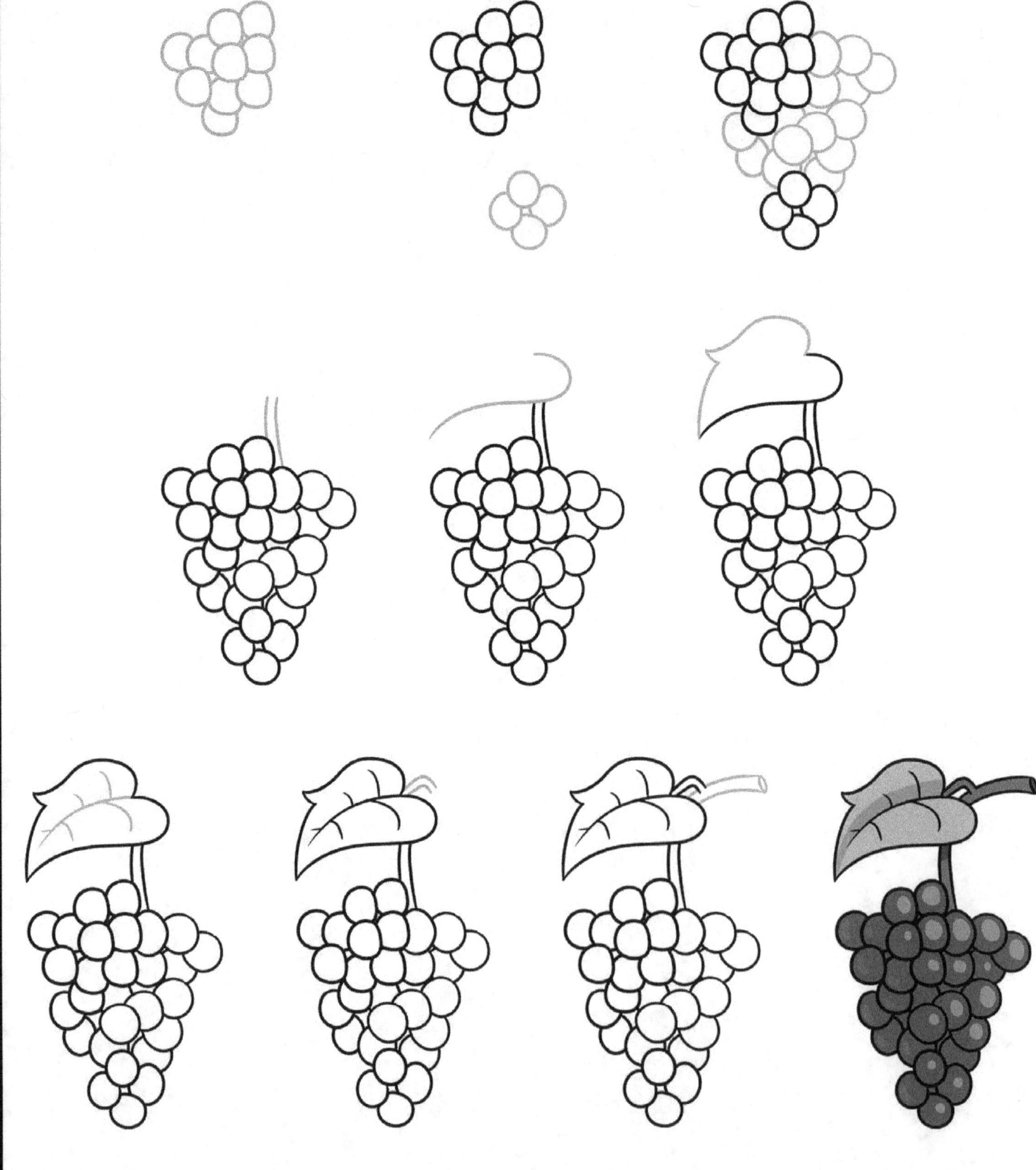

Ha Iniziato a Praticare

Impara Per Passo

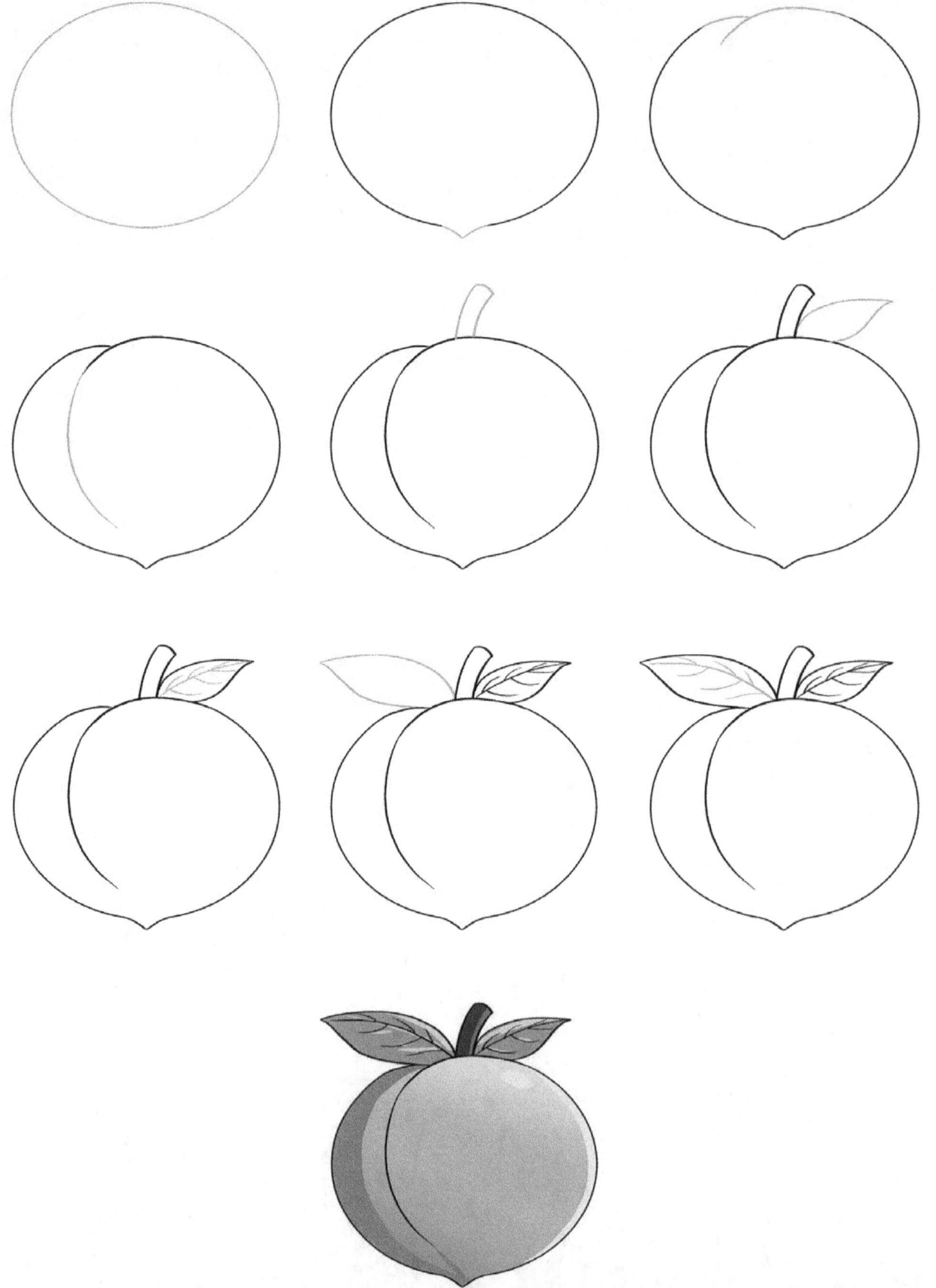

Ha Iniziato a Praticare

Ha Iniziato a Praticare

Impara Per Passo

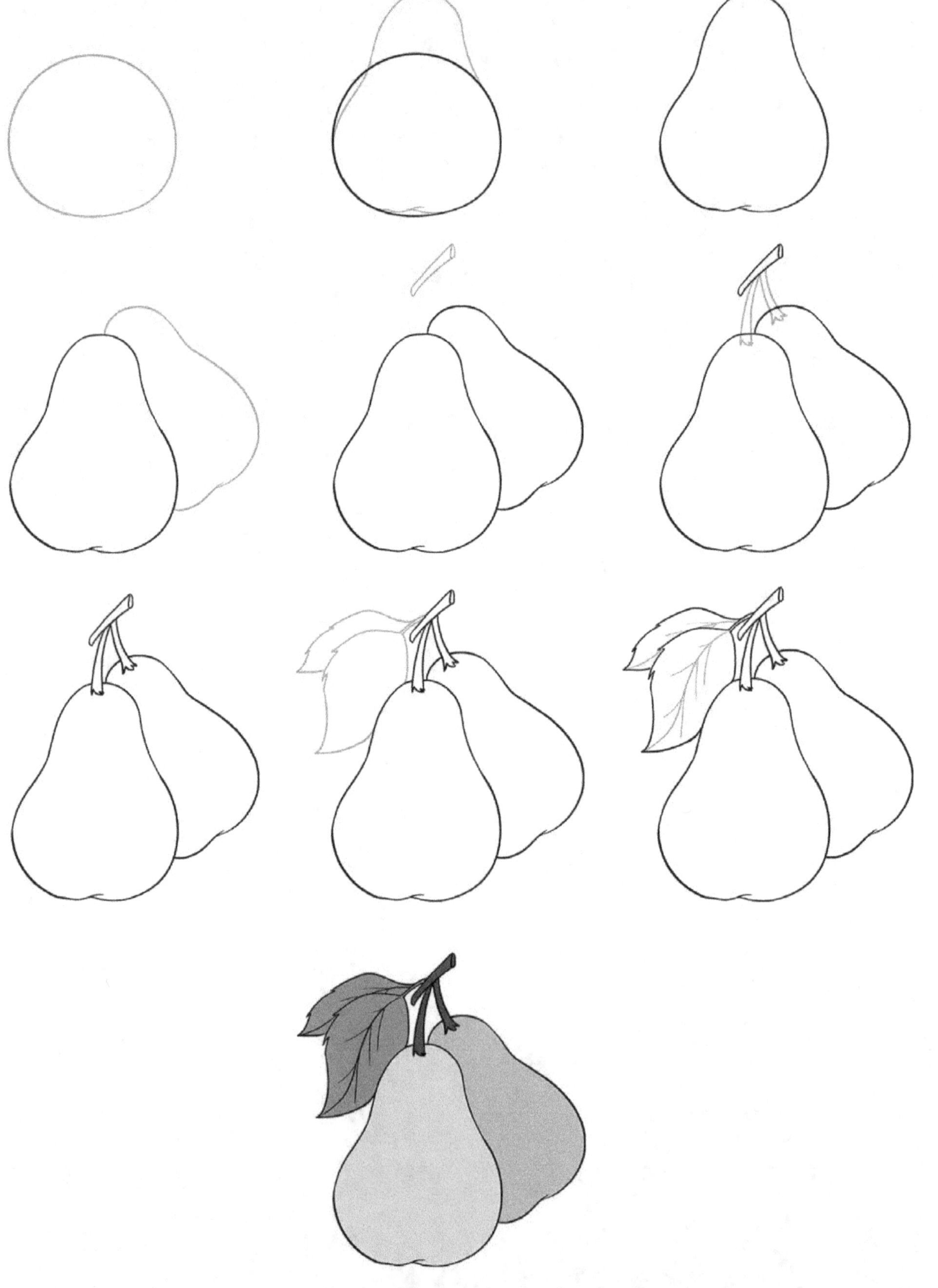

Ha Iniziato a Praticare

Impara Per Passo

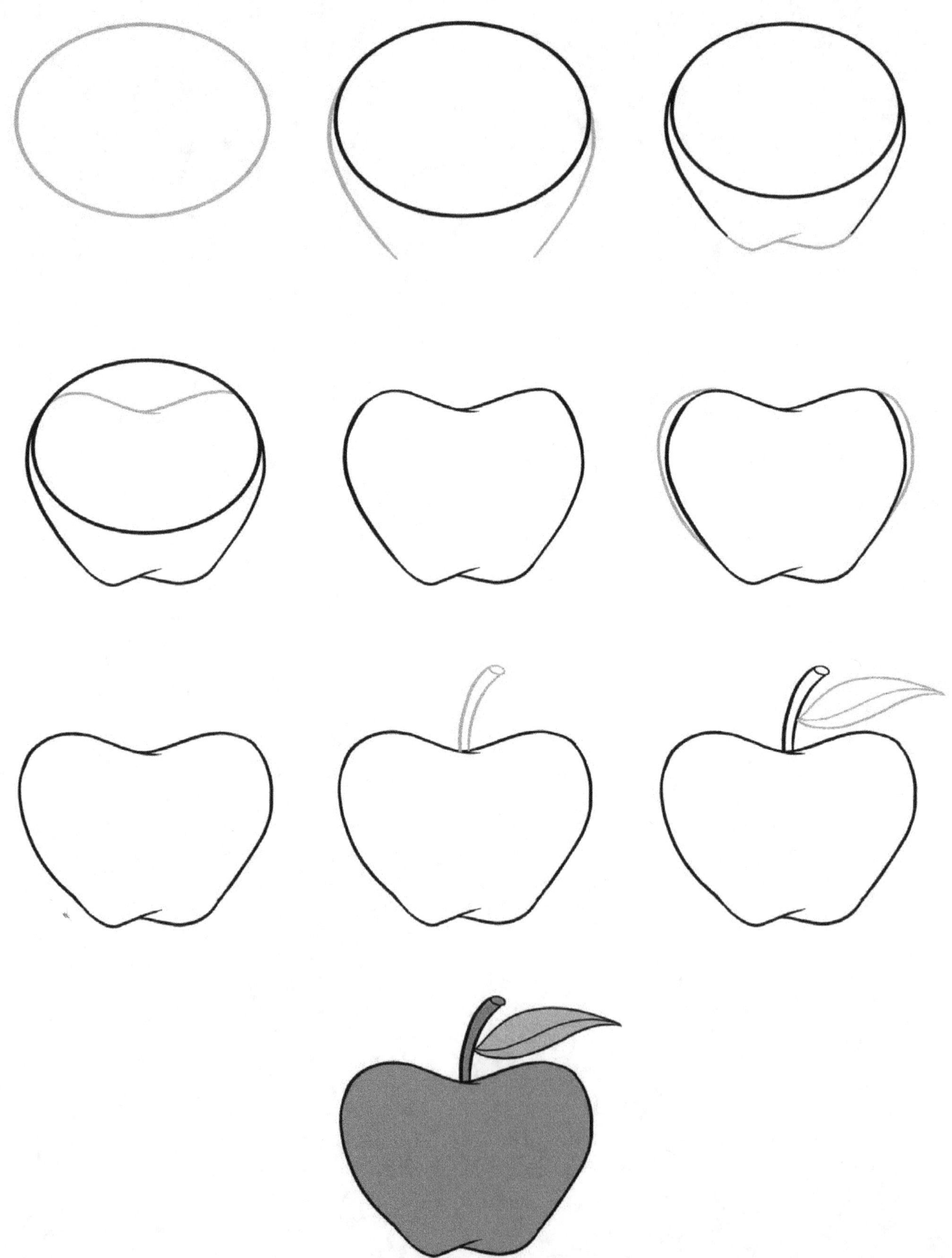

<table><tr><td>Ha Iniziato a Praticare</td></tr></table>

Ha Iniziato a Praticare

Impara Per Passo

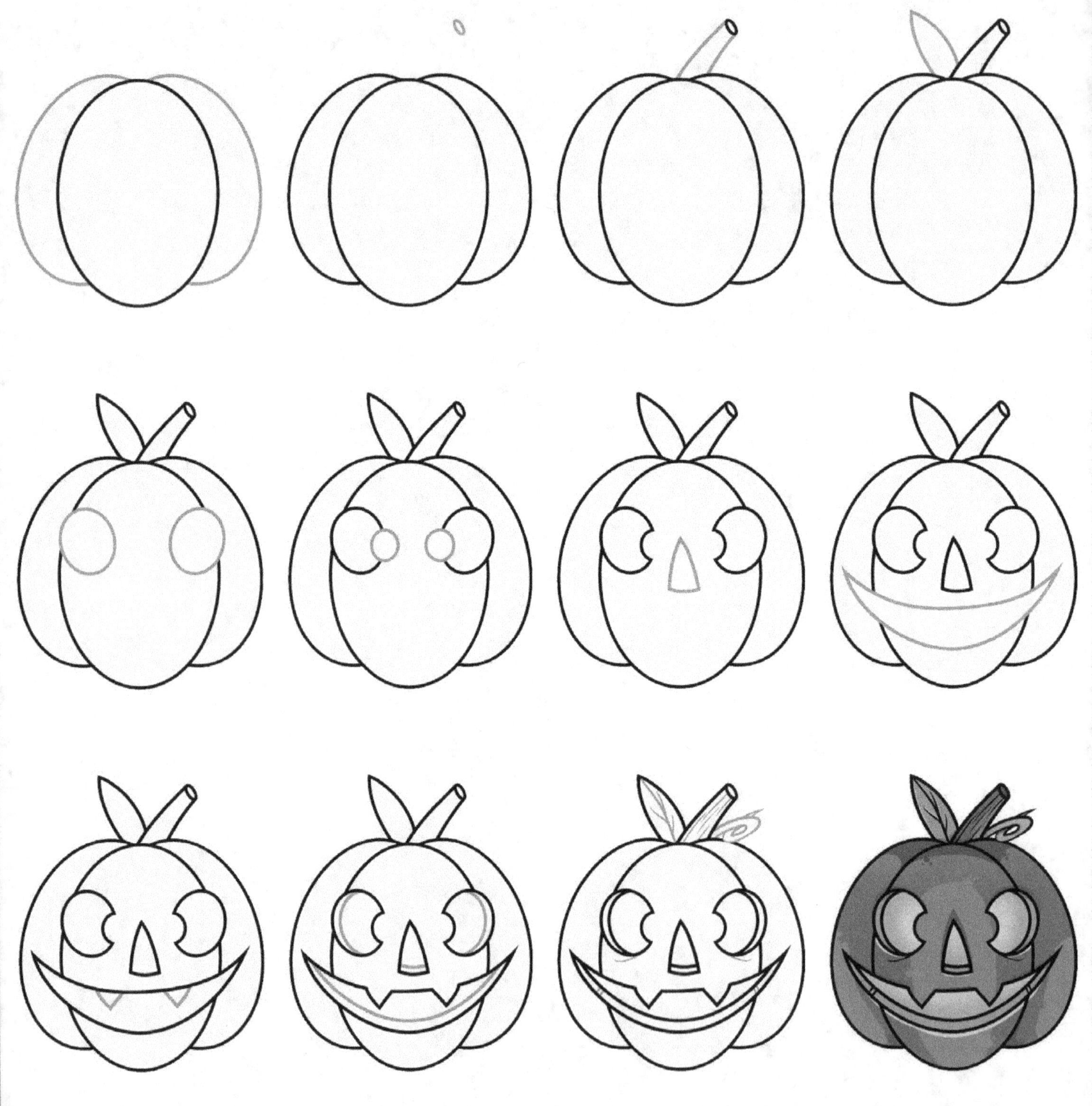

Ha Iniziato a Praticare

Impara Per Passo

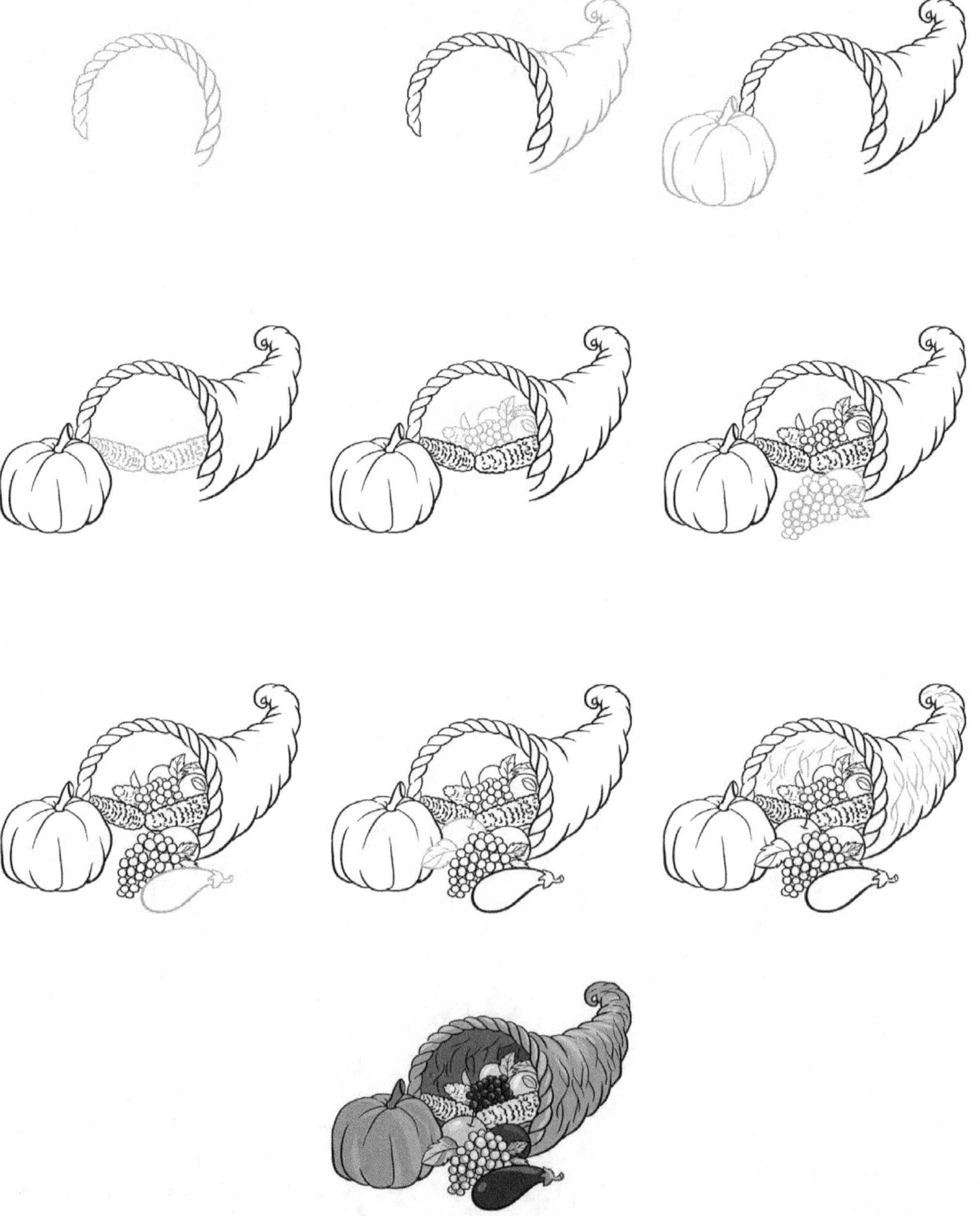

Ha Iniziato a Praticare

Impara Per Passo

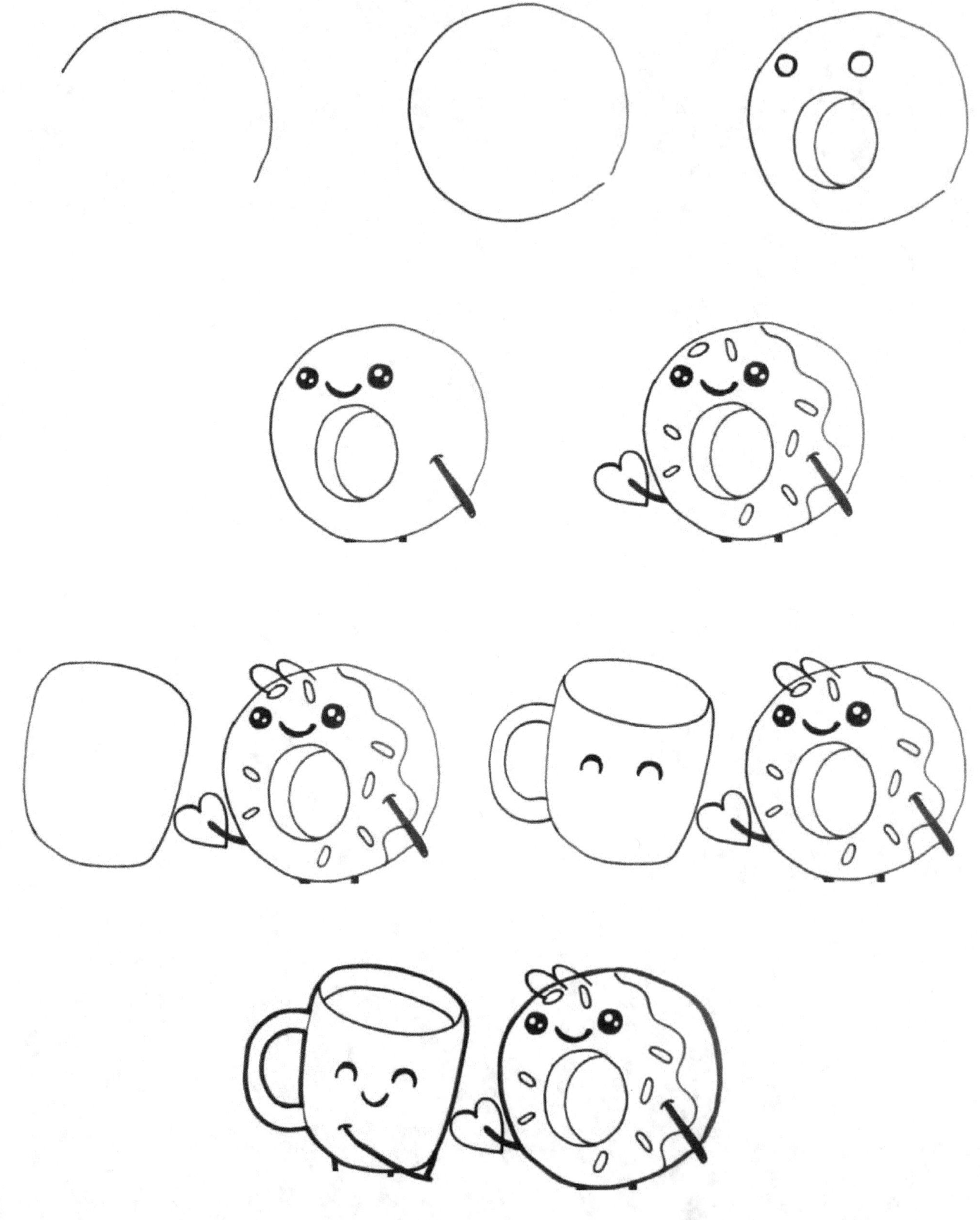

Ha Iniziato a Praticare

Impara Per Passo

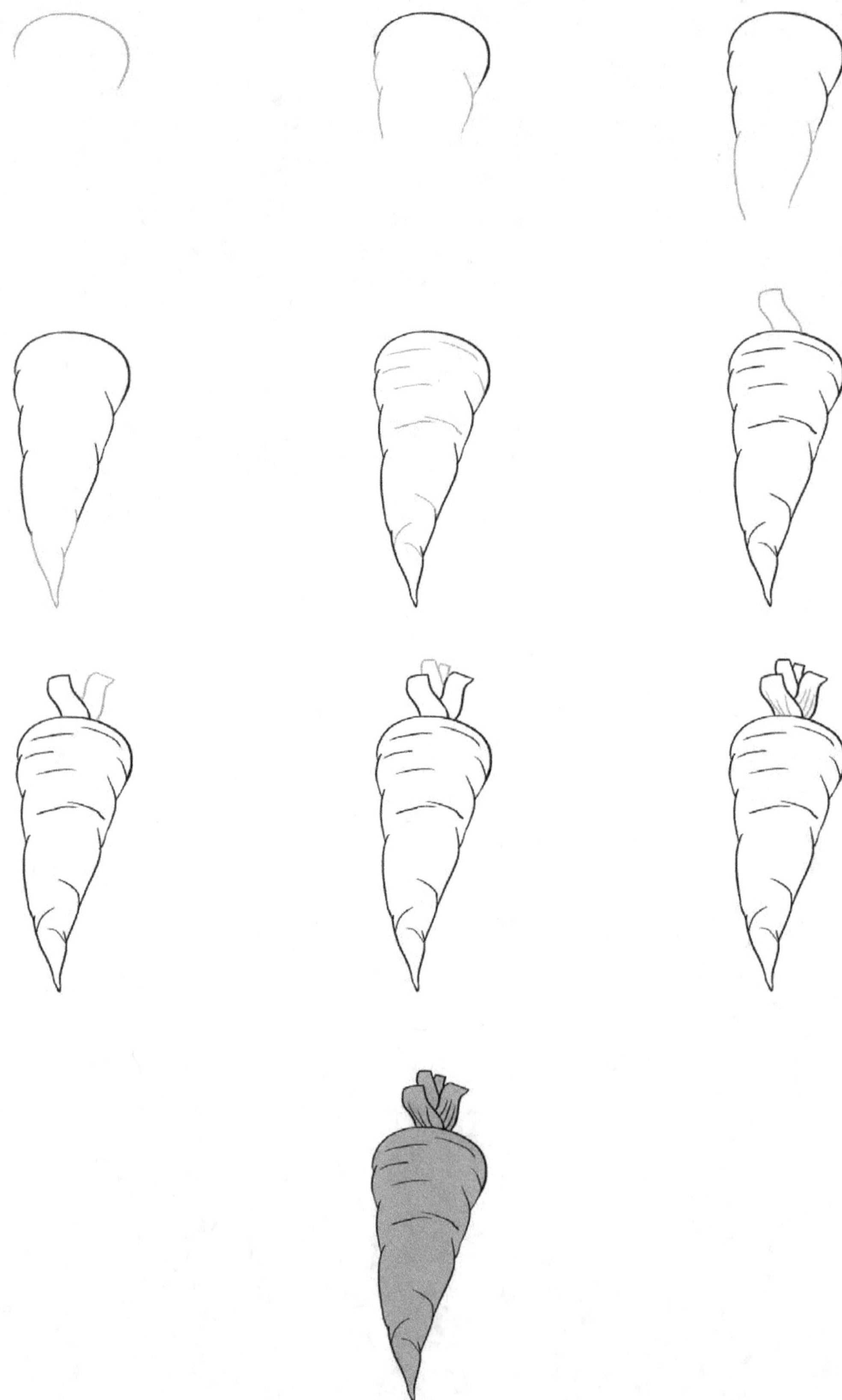

Ha Iniziato a Praticare

Ha Iniziato a Praticare

Impara Per Passo

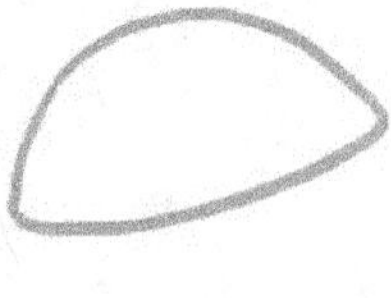
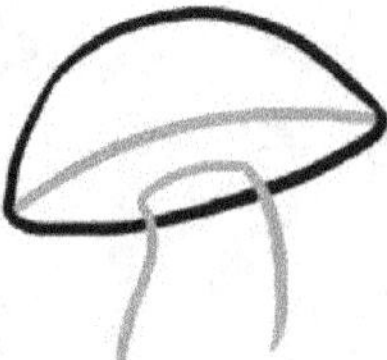
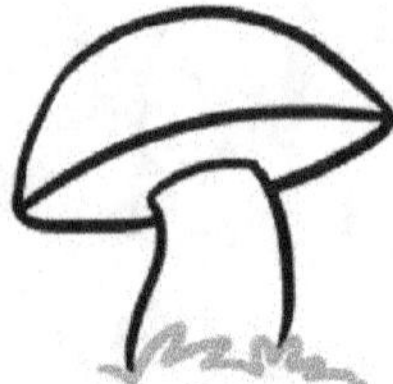
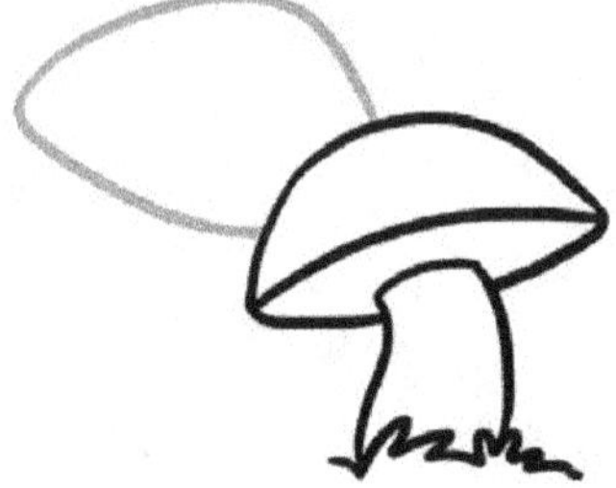
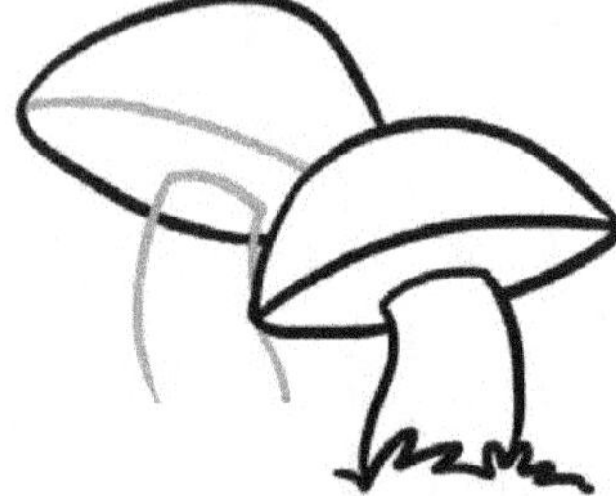
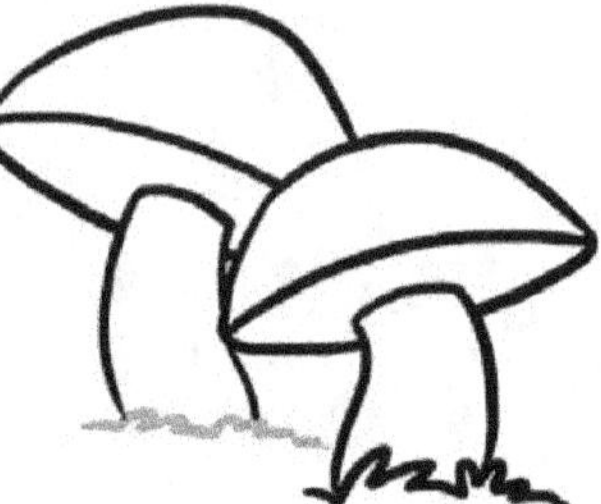
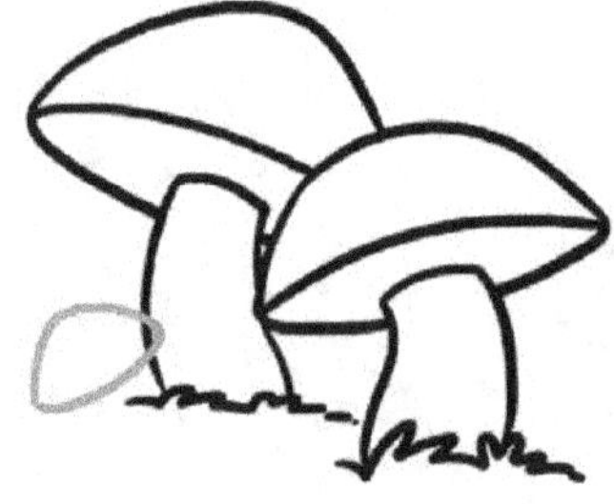
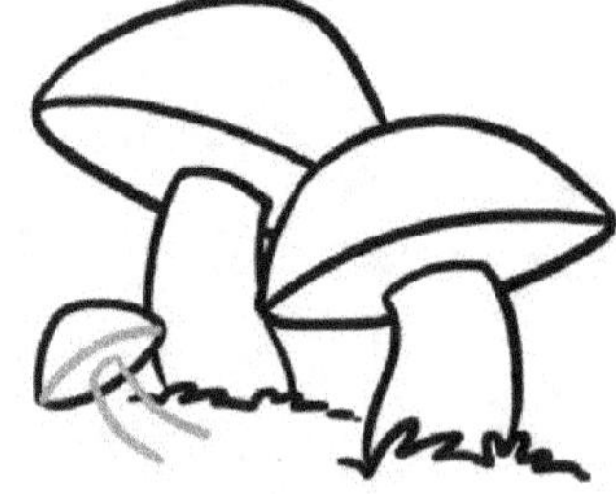
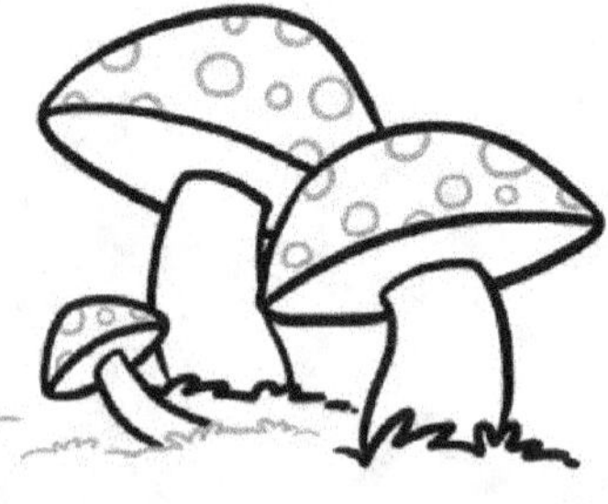
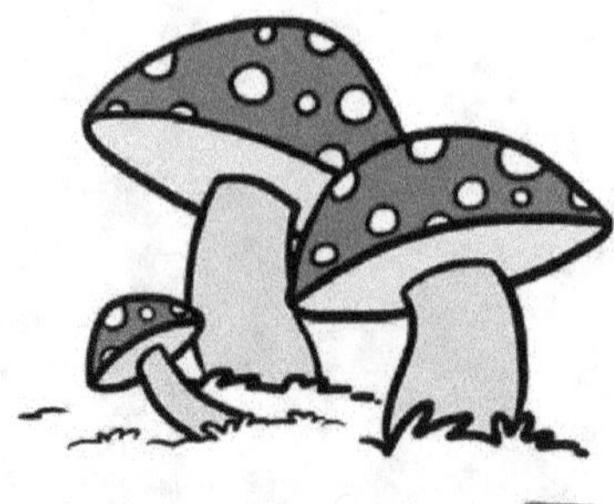

Ha Iniziato a Praticare

Ha Iniziato a Praticare

Impara Per Passo

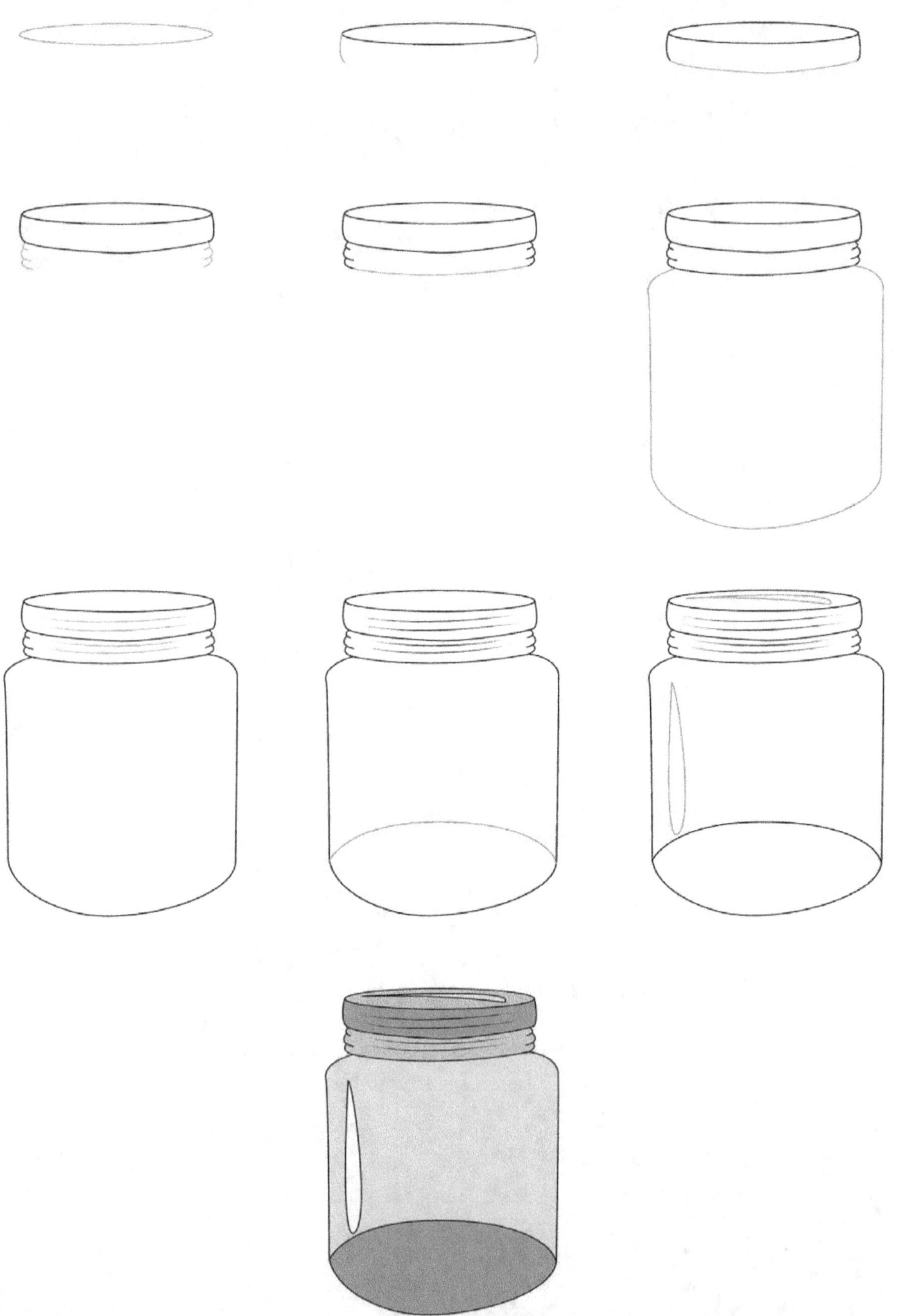

Ha Iniziato a Praticare

Impara Per Passo

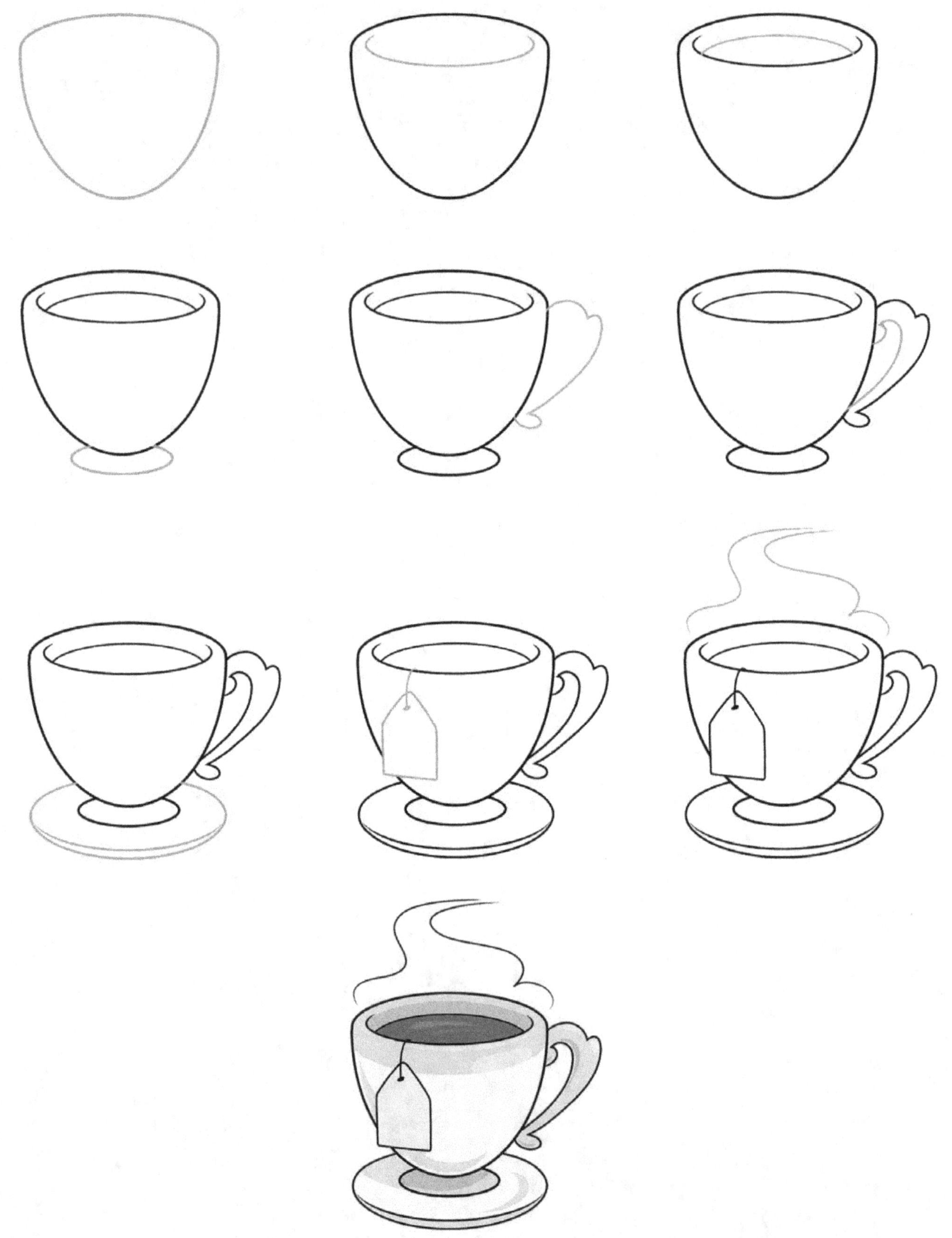

Ha Iniziato a Praticare

Impara Per Passo

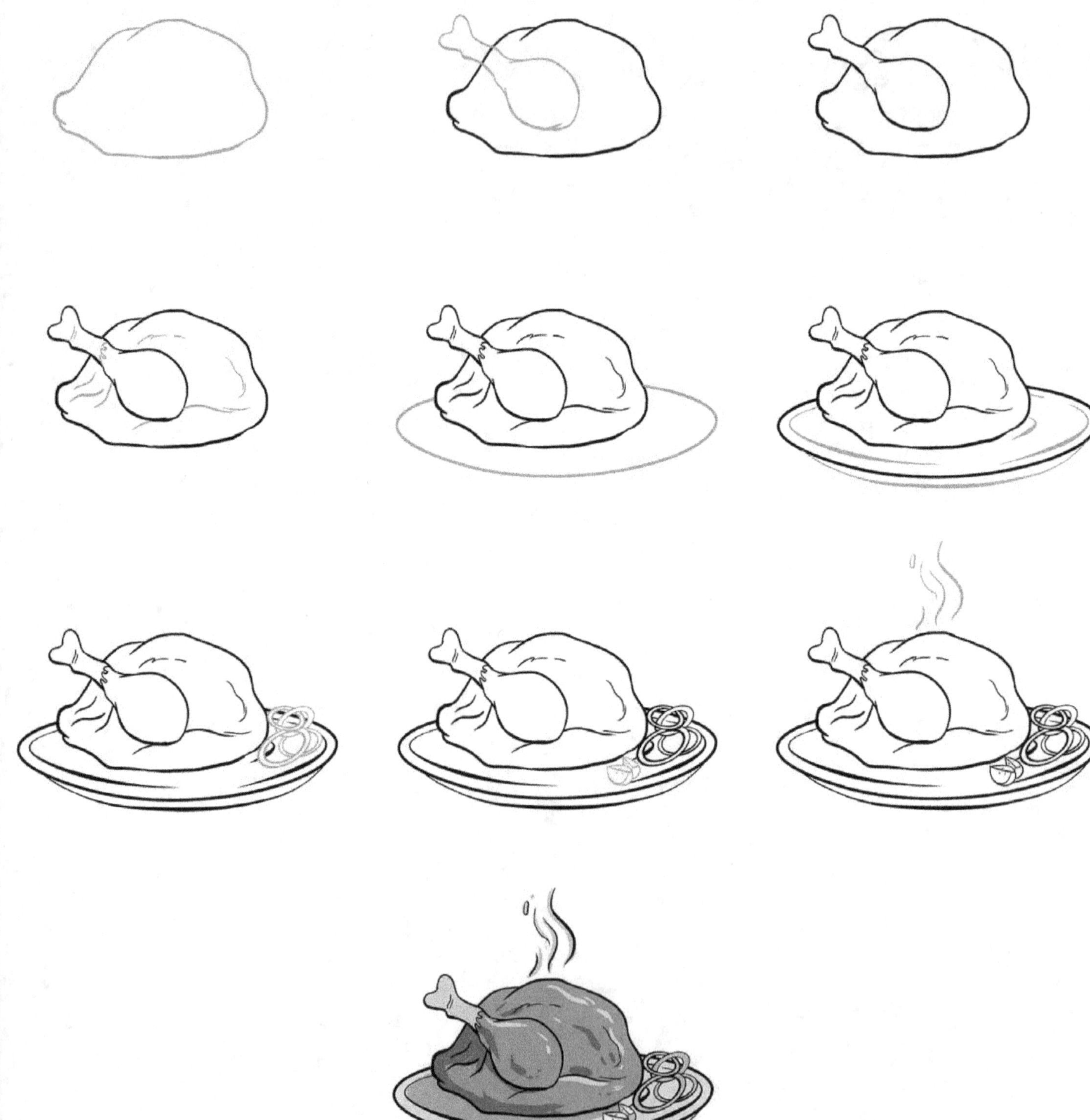

Ha Iniziato a Praticare

Impara Per Passo

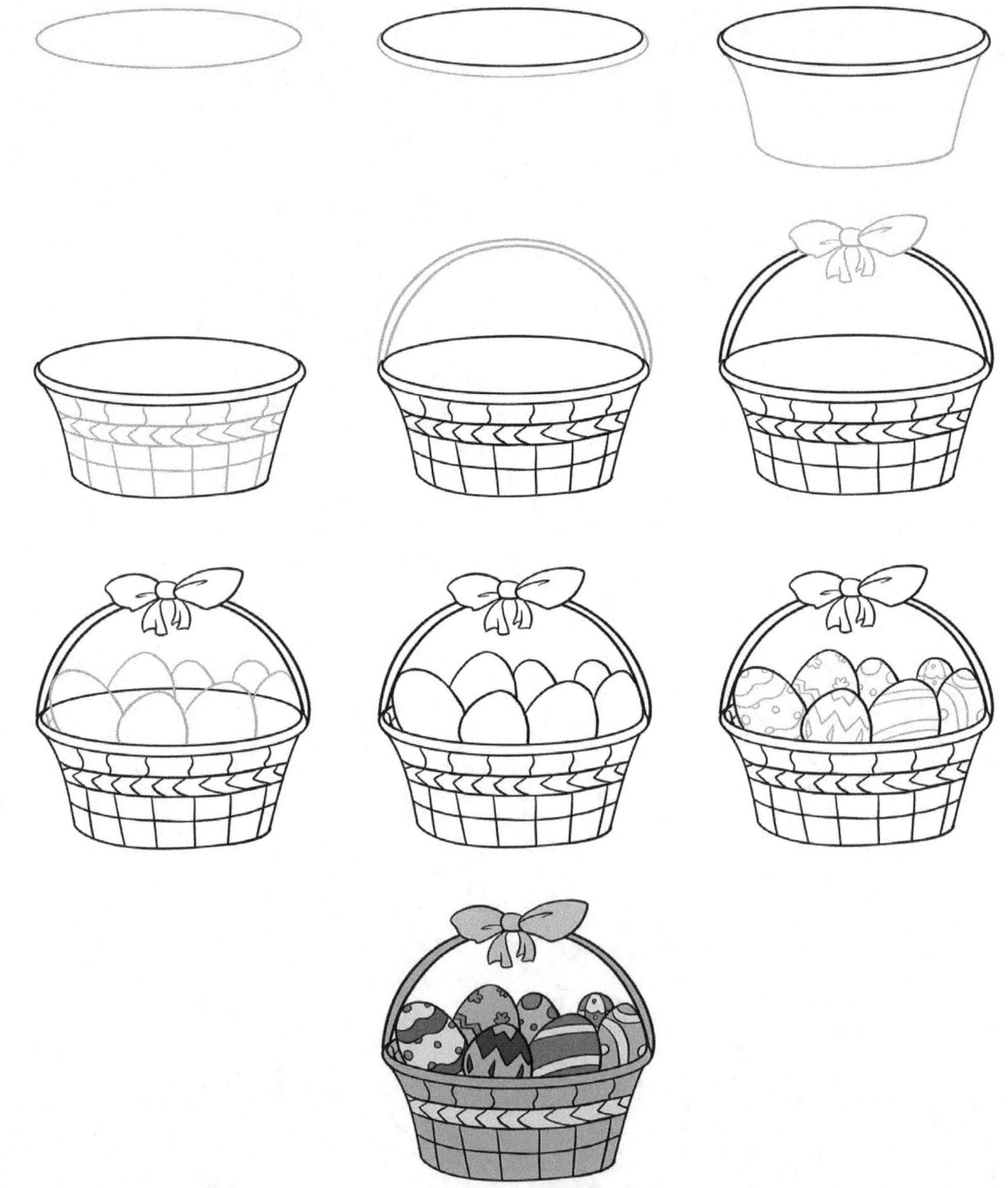

Ha Iniziato a Praticare

Impara Per Passo

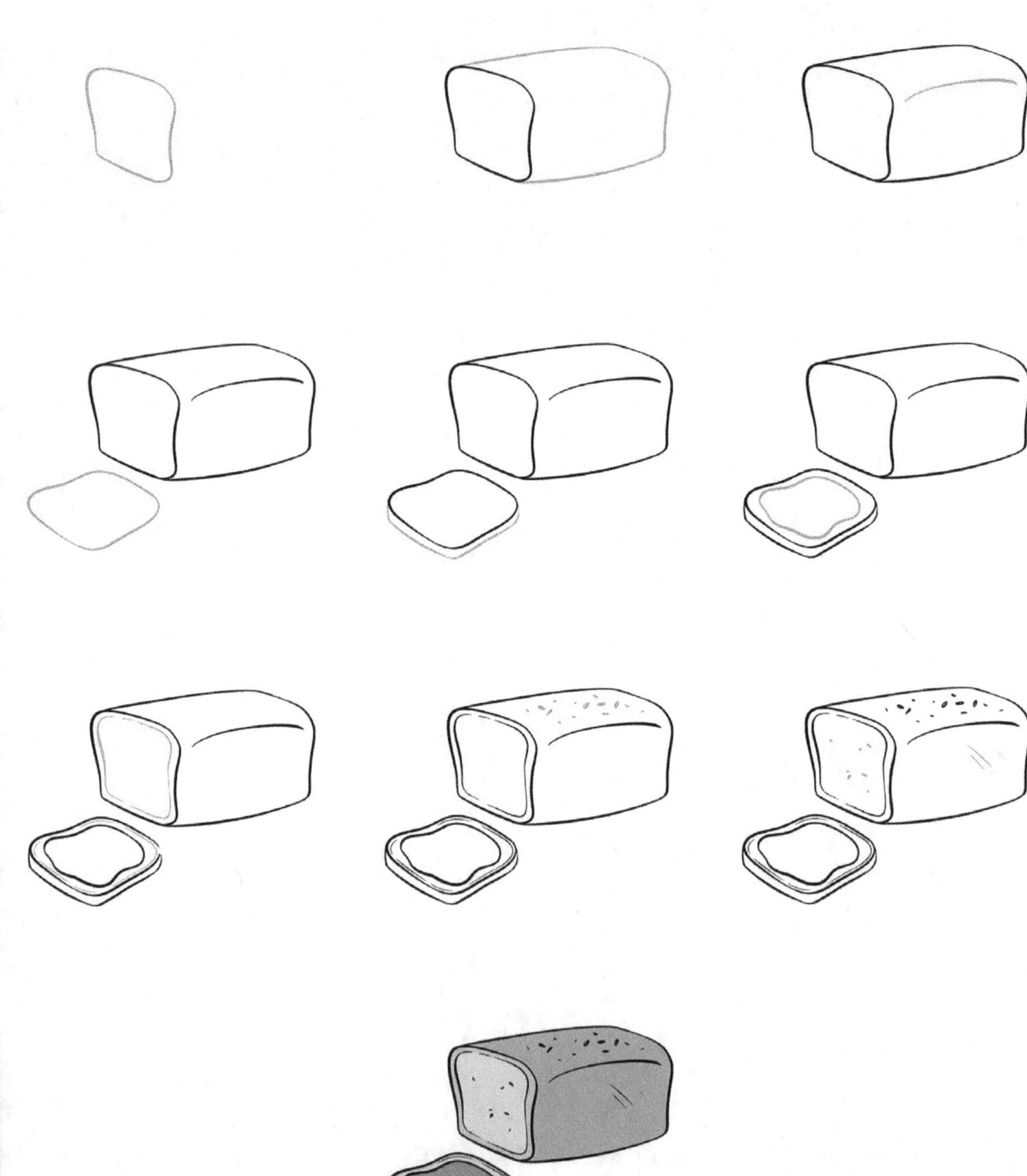

Ha Iniziato a Praticare

Impara Per Passo

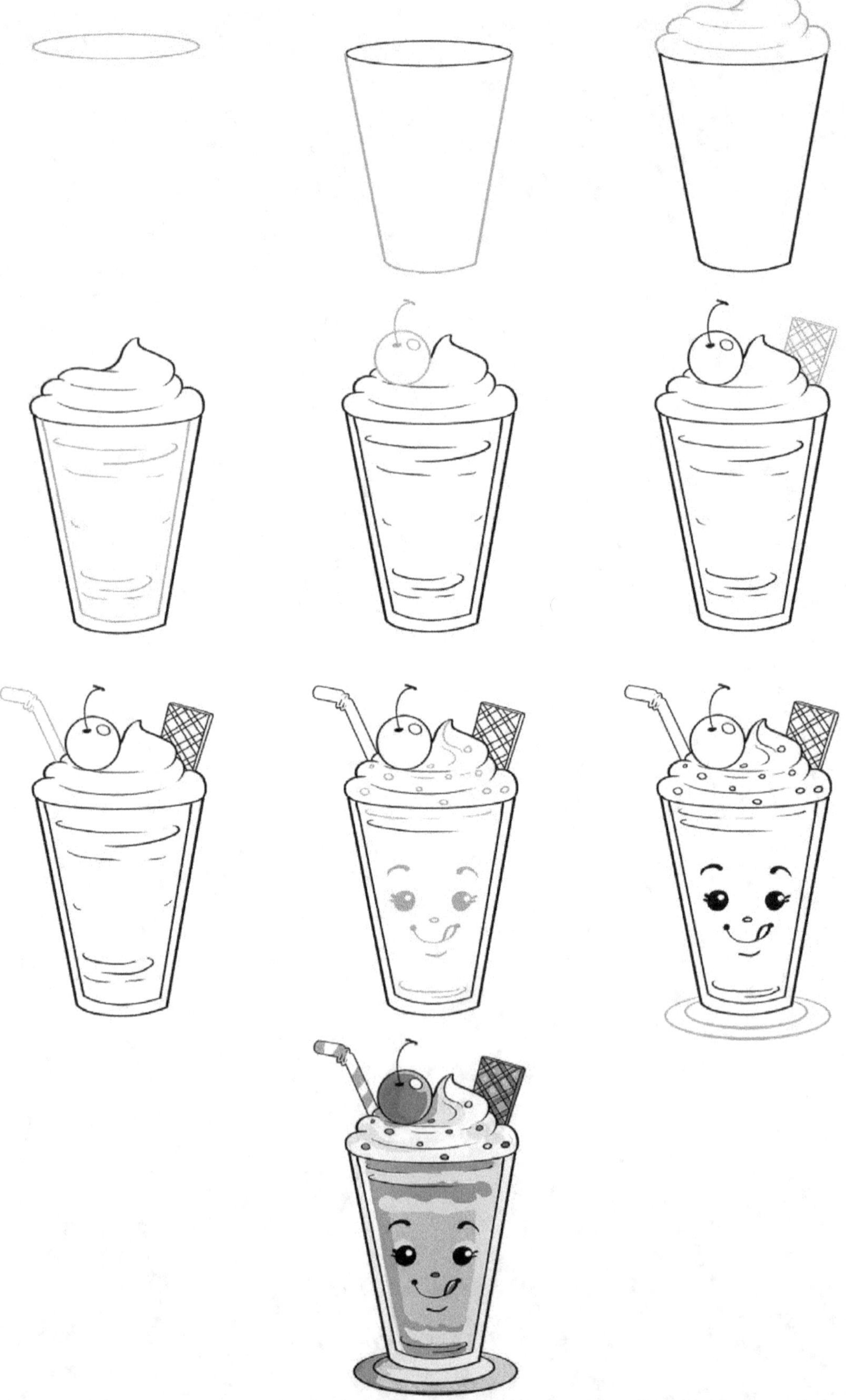

Ha Iniziato a Praticare

Ha Iniziato a Praticare

Impara Per Passo

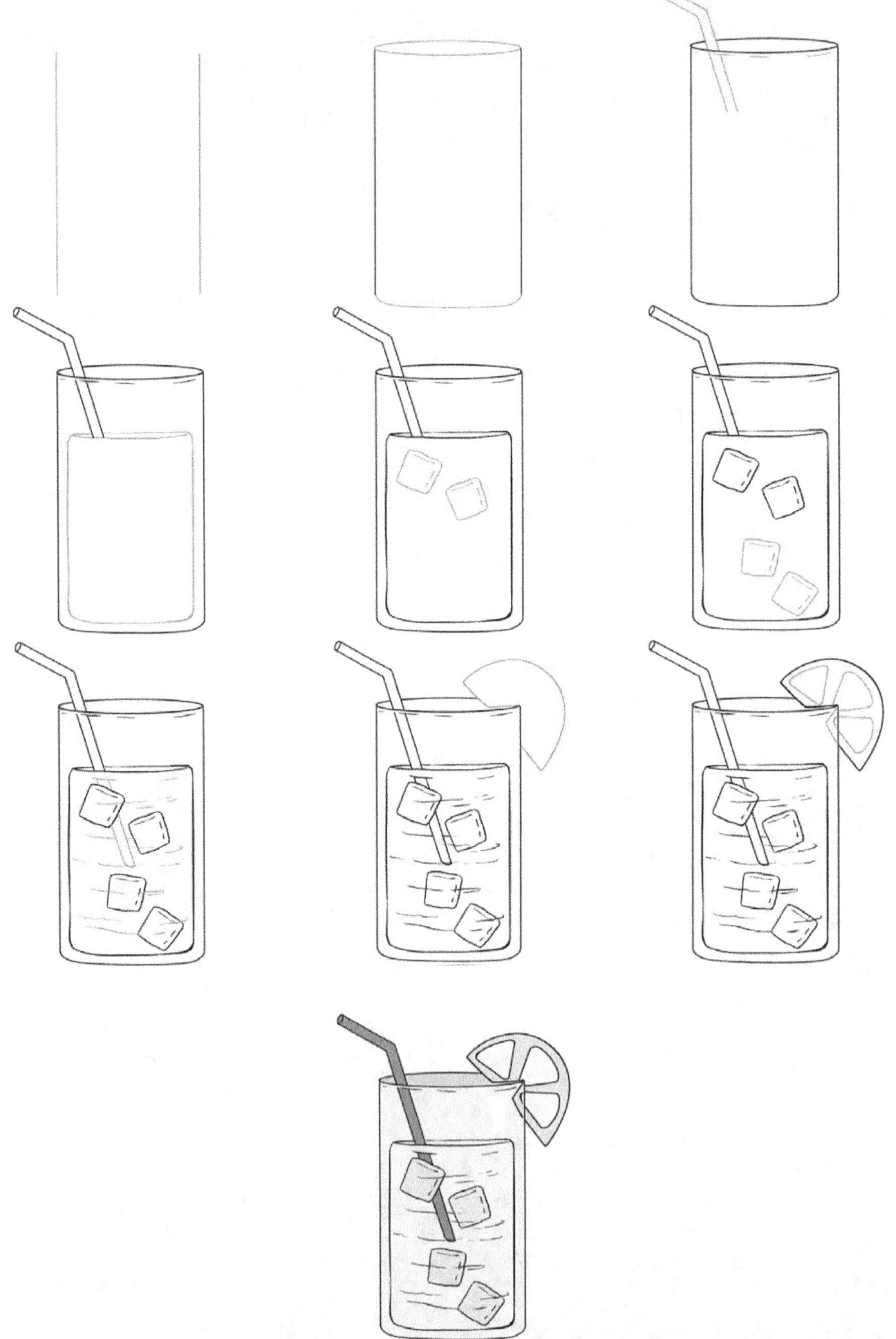

Ha Iniziato a Praticare

Impara Per Passo

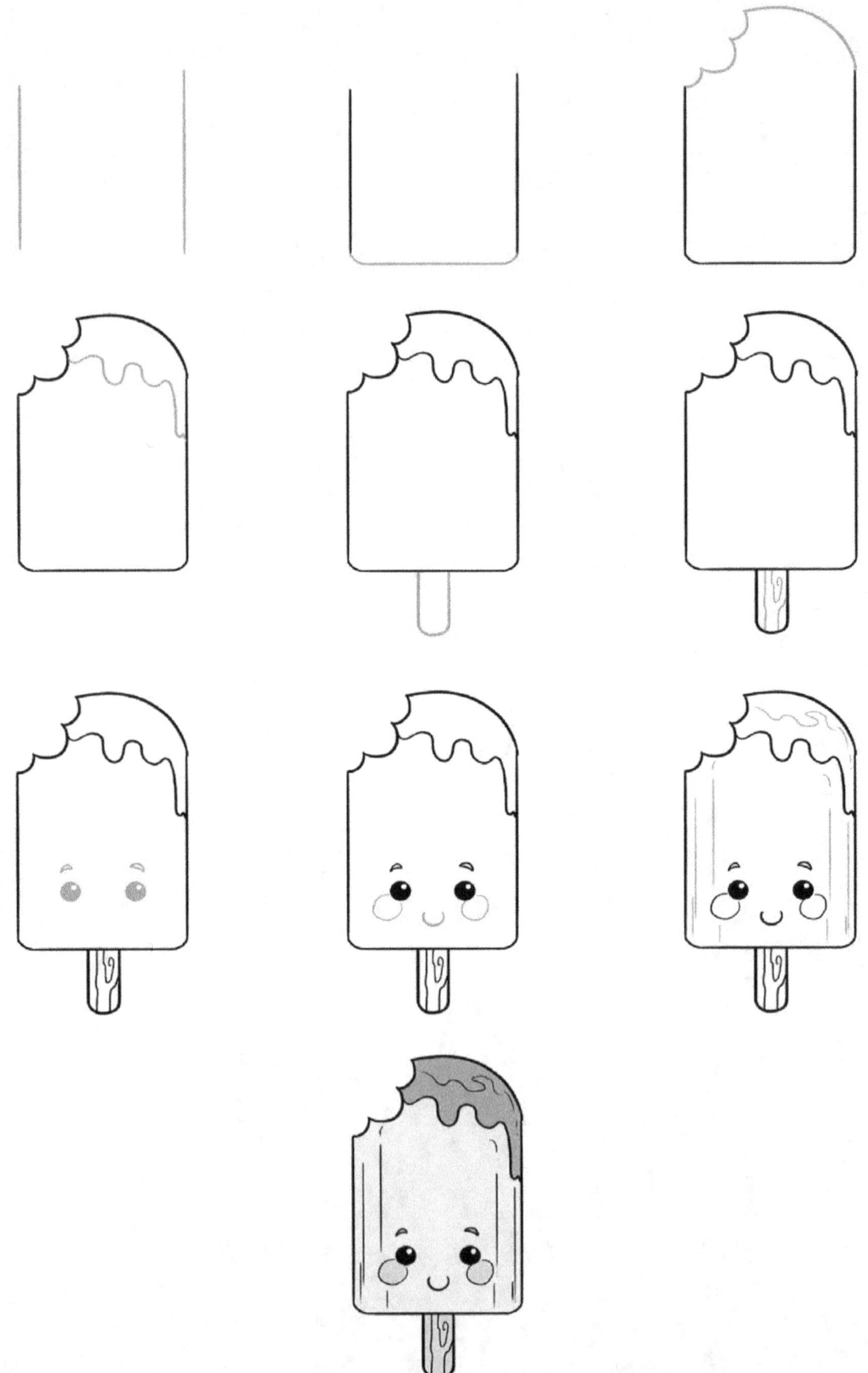

Ha Iniziato a Praticare

Impara Per Passo

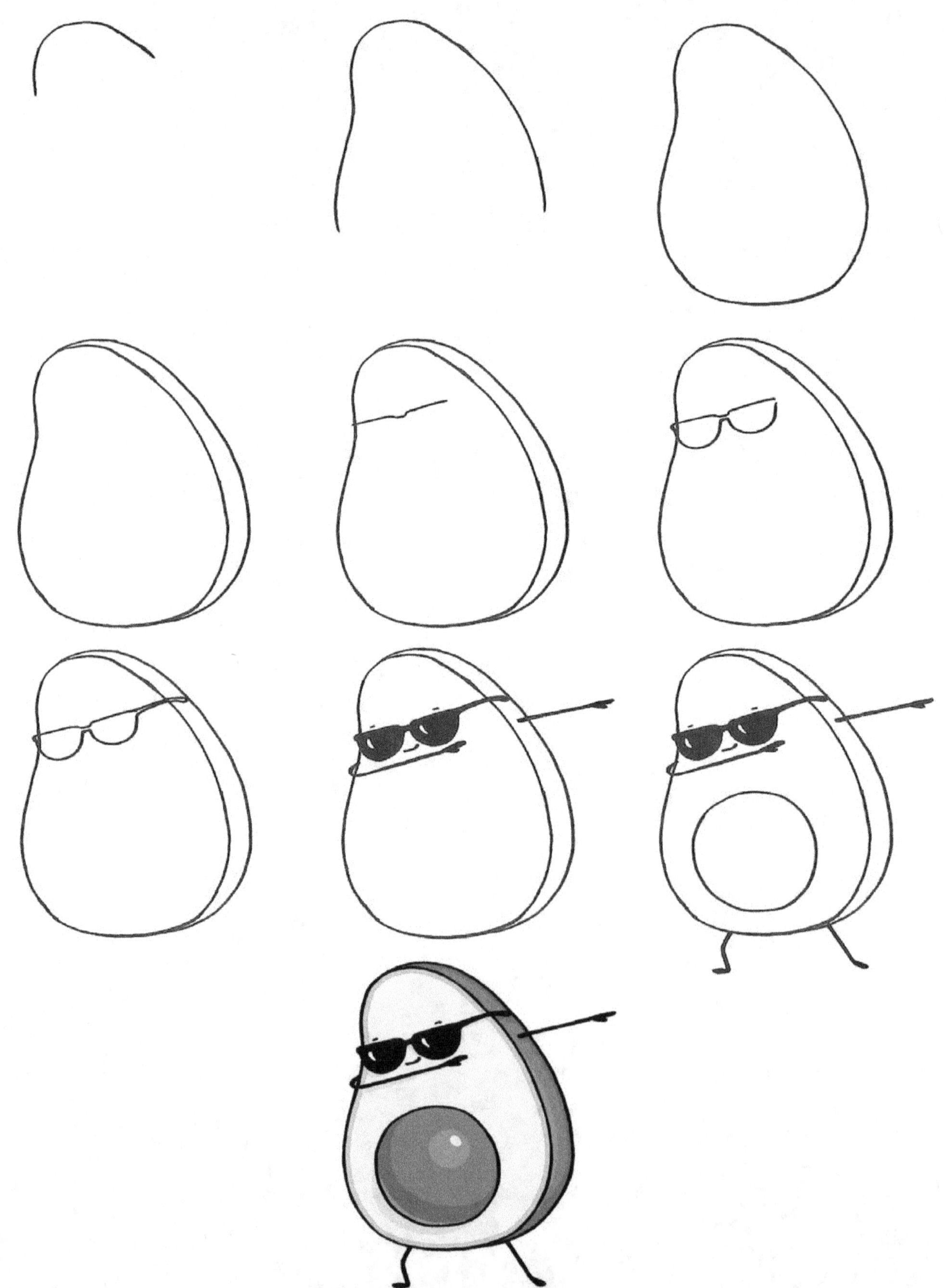

Ha Iniziato a Praticare

Impara Per Passo

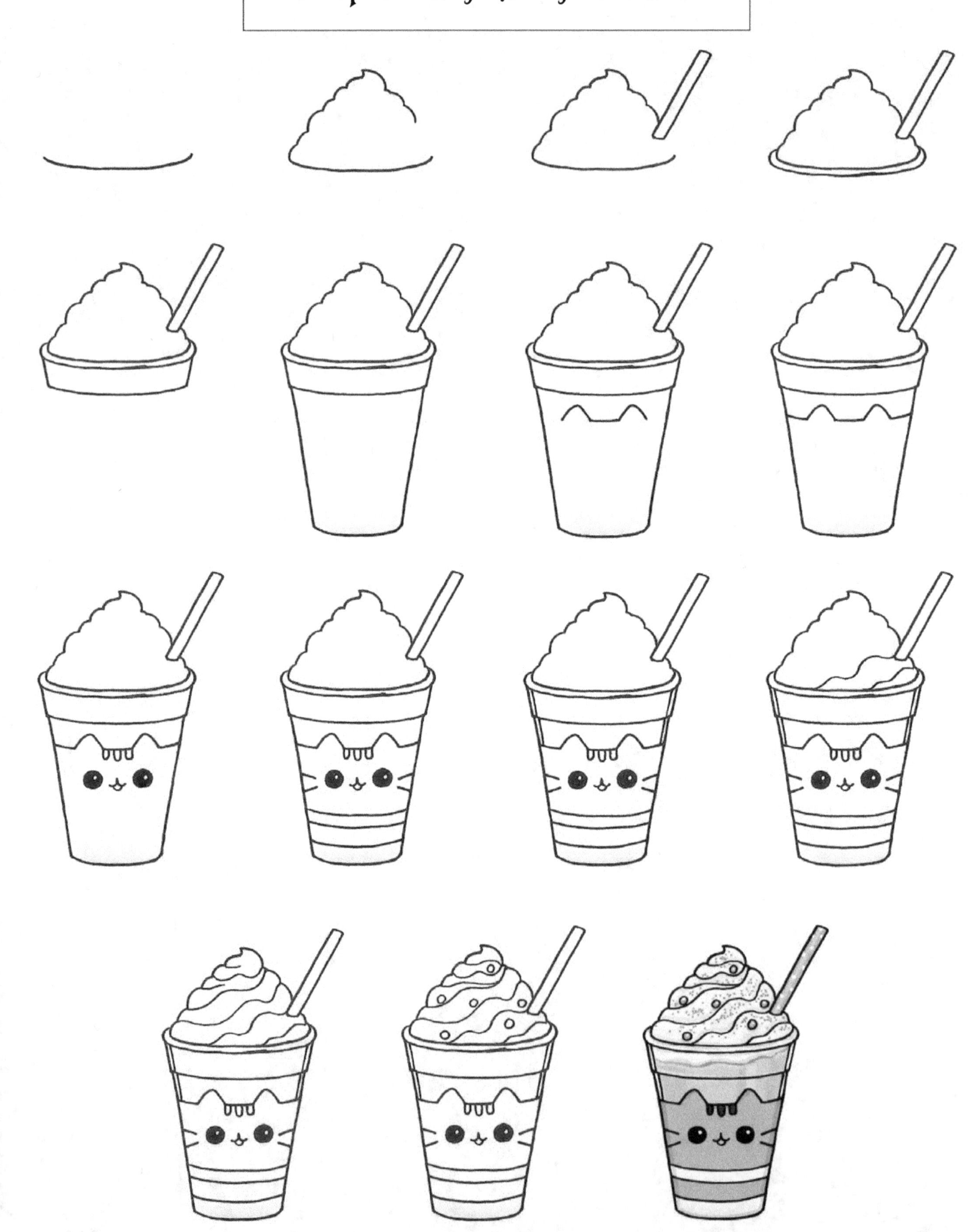

Ha Iniziato a Praticare

Impara Per Passo

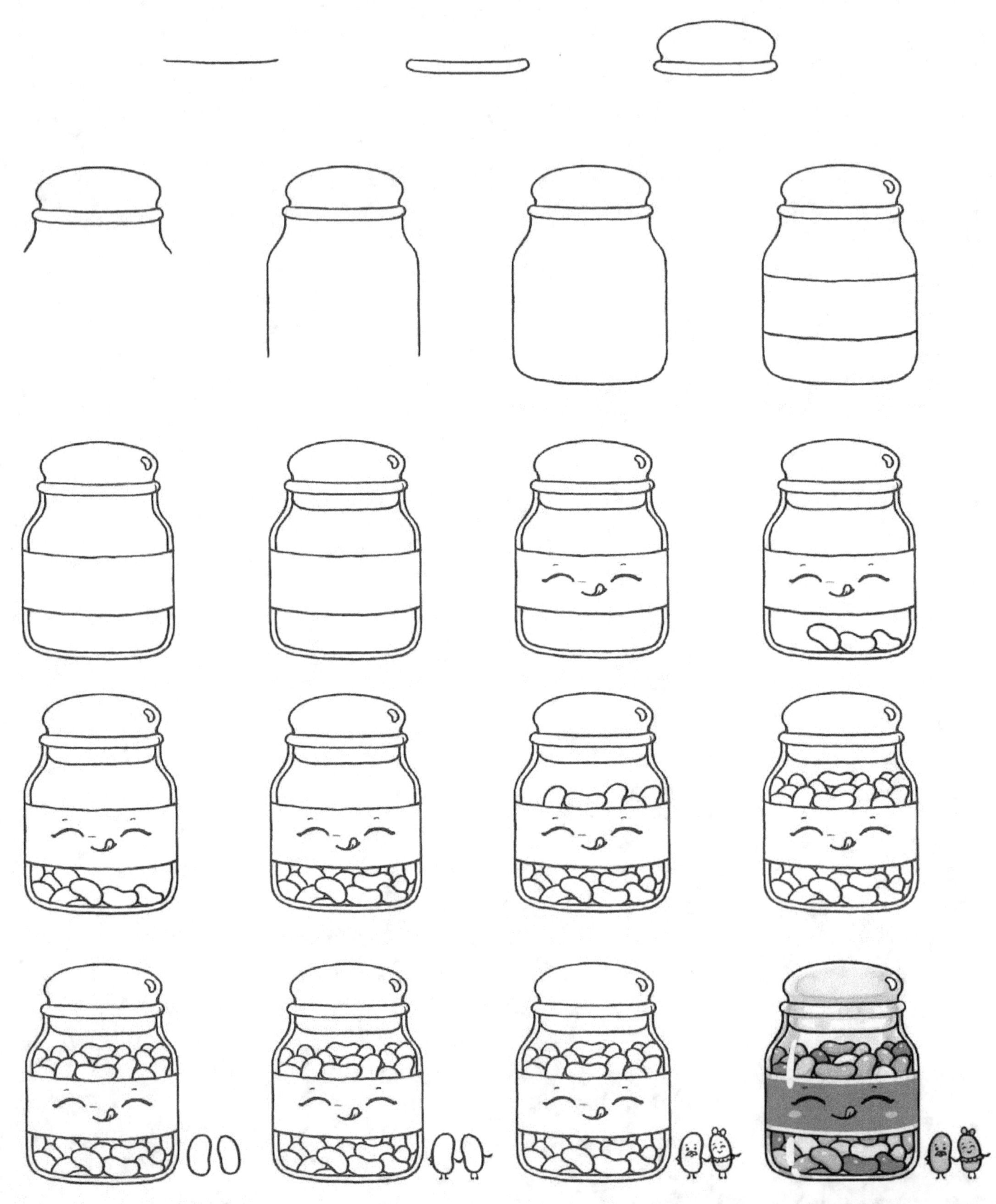

Ha Iniziato a Praticare

Ha Iniziato a Praticare

Impara Per Passo

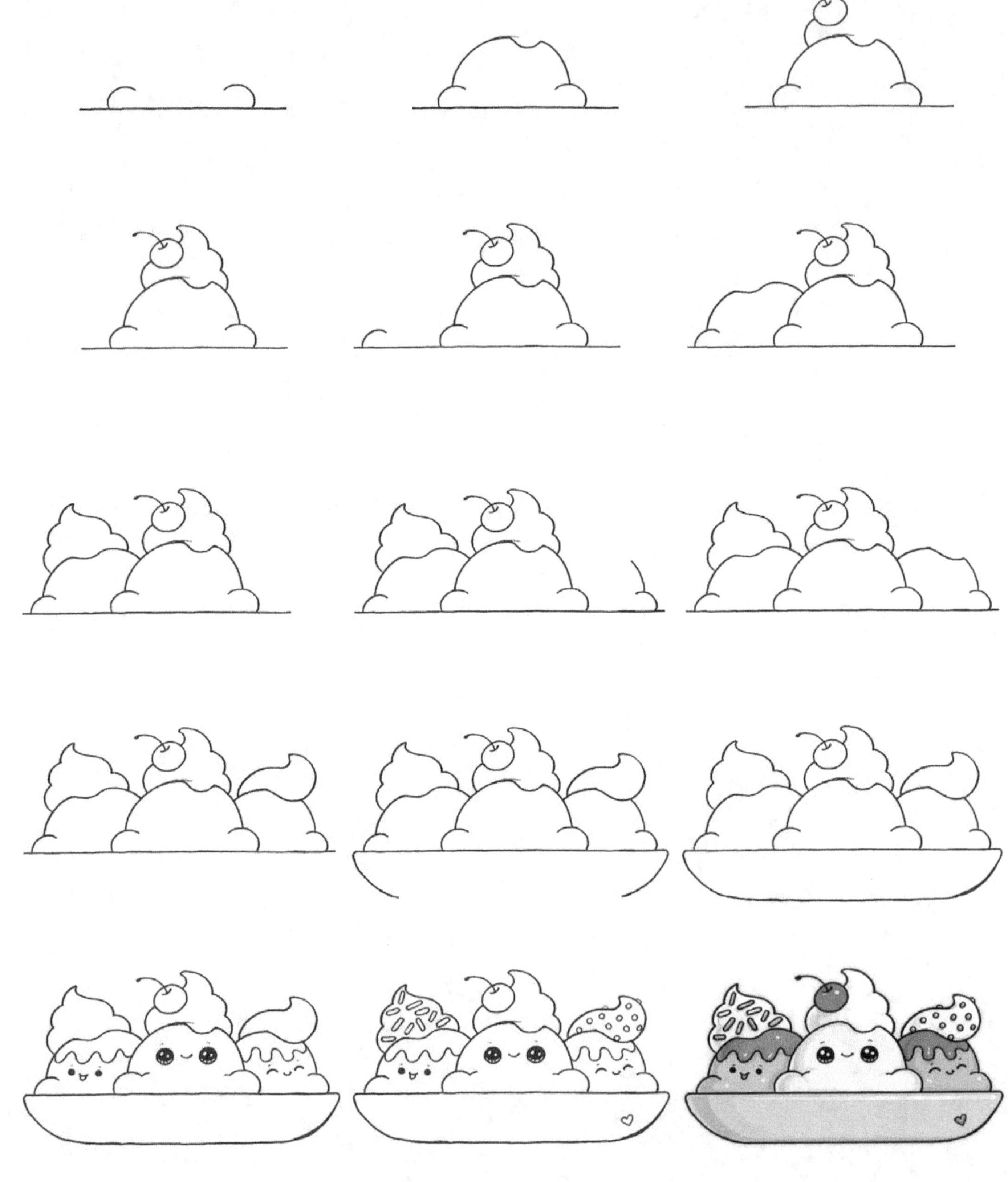

Ha Iniziato a Praticare

Impara Per Passo

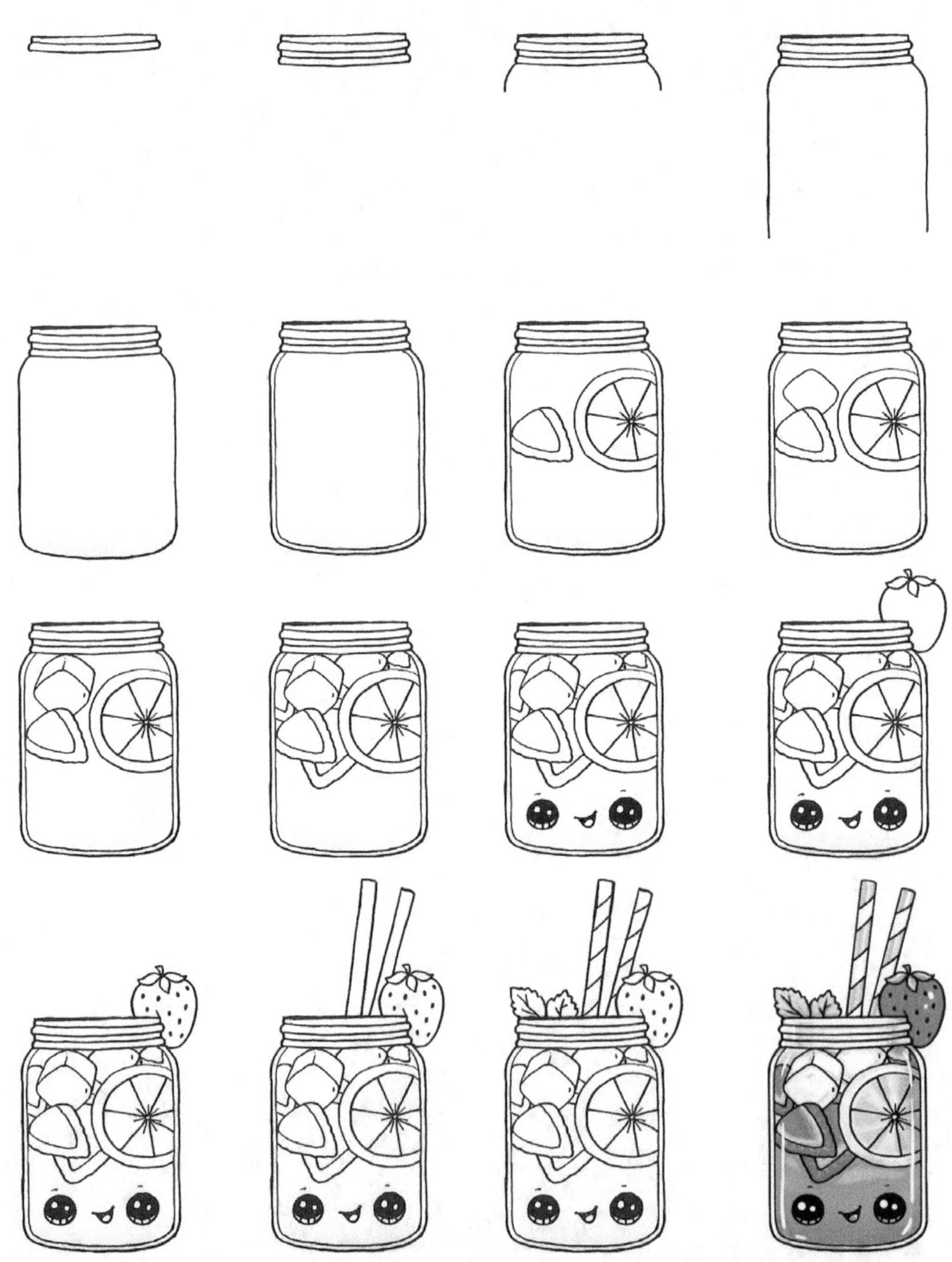

Ha Iniziato a Praticare

Impara Per Passo

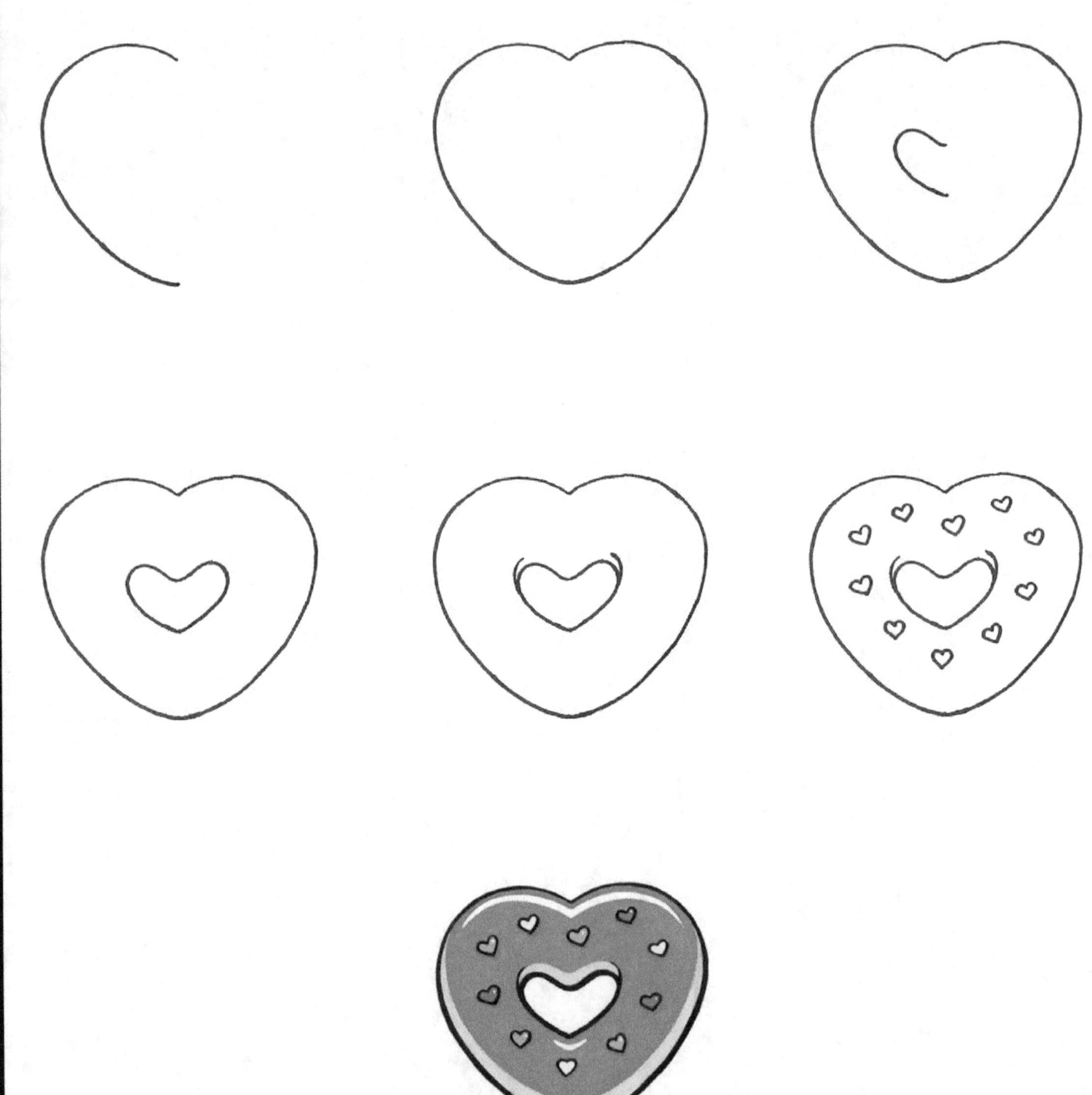

Ha Iniziato a Praticare

Ha Iniziato a Praticare

Impara Per Passo

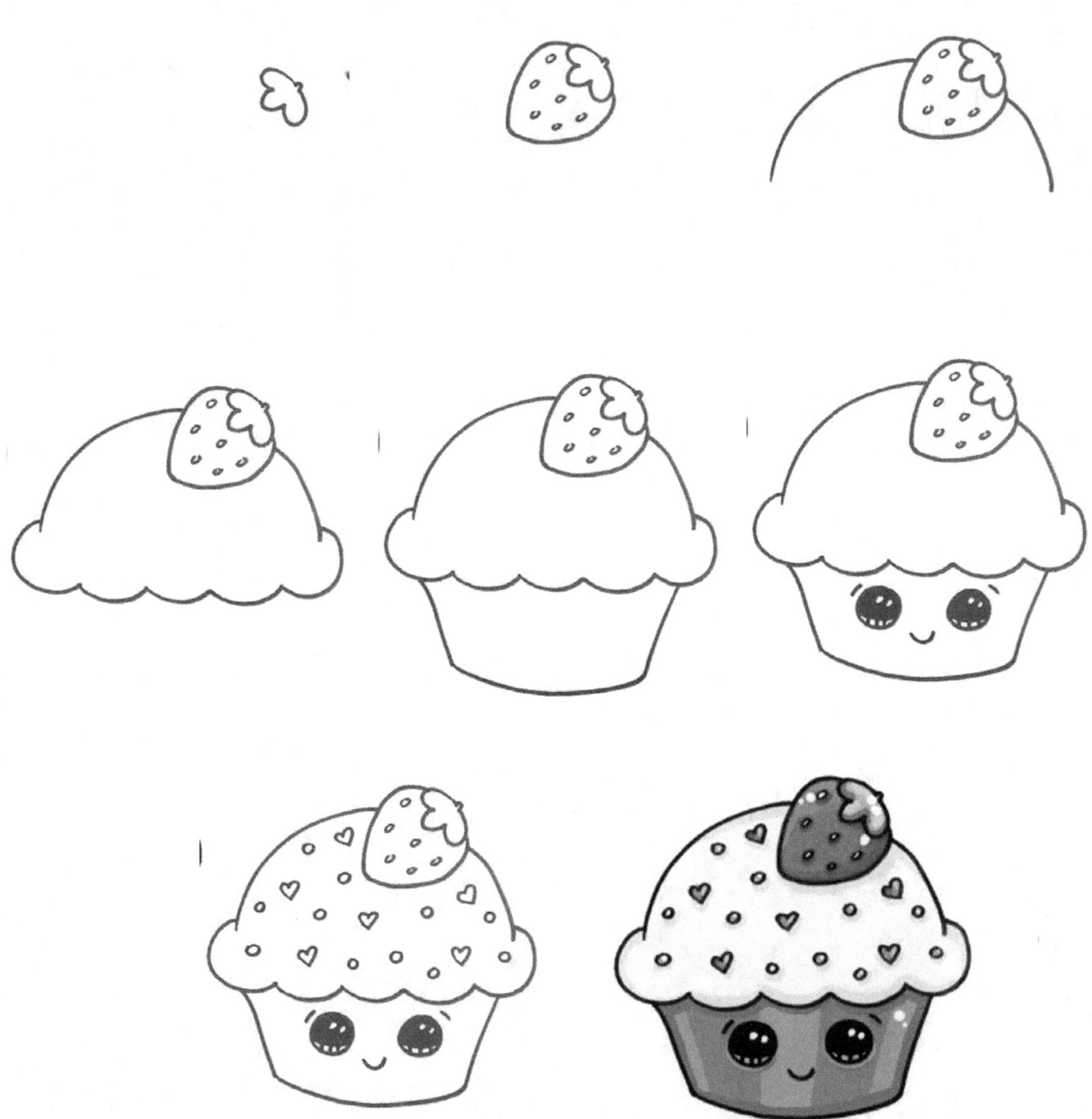

Ha Iniziato a Praticare

Ha Iniziato a Praticare

Impara Per Passo

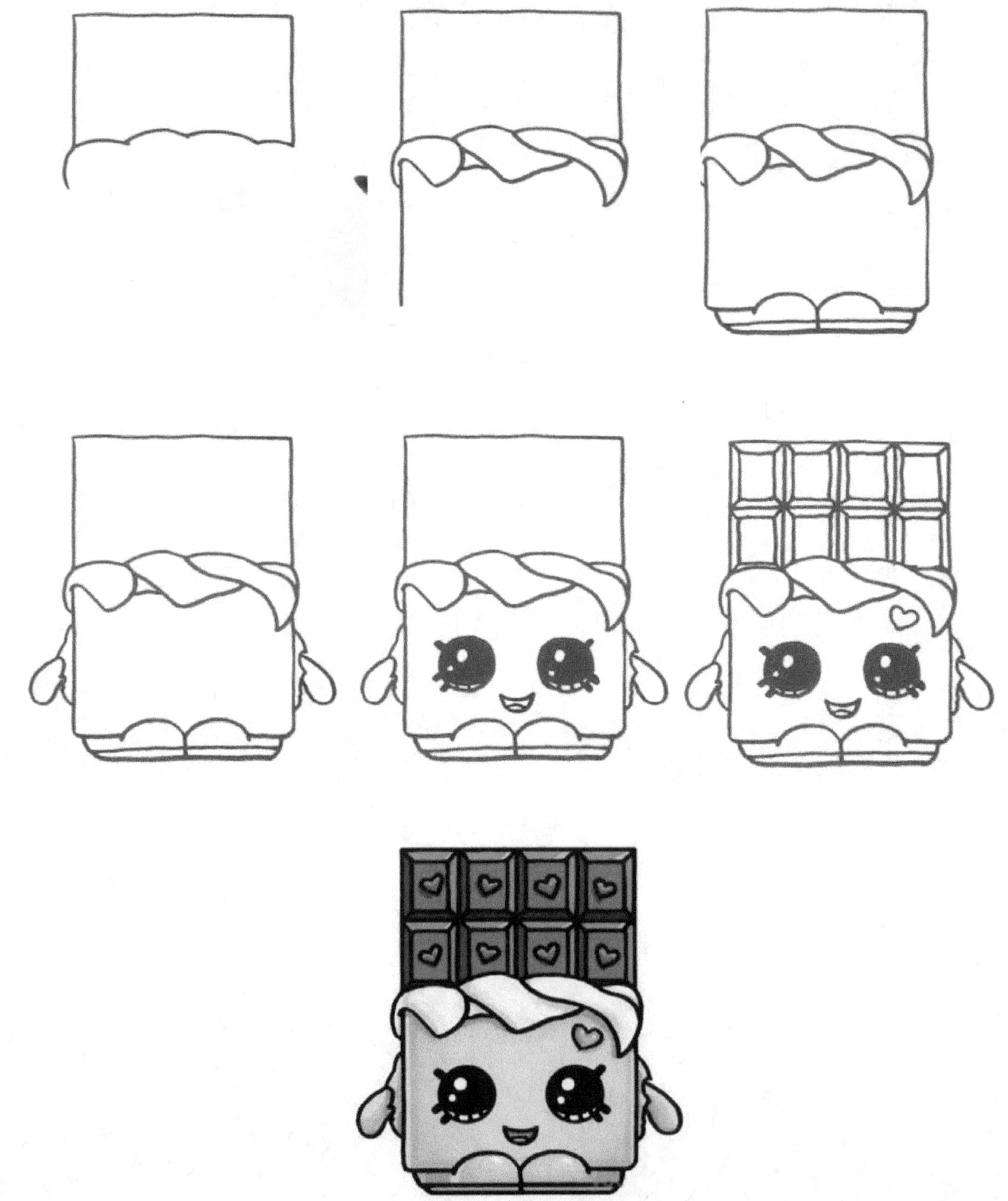

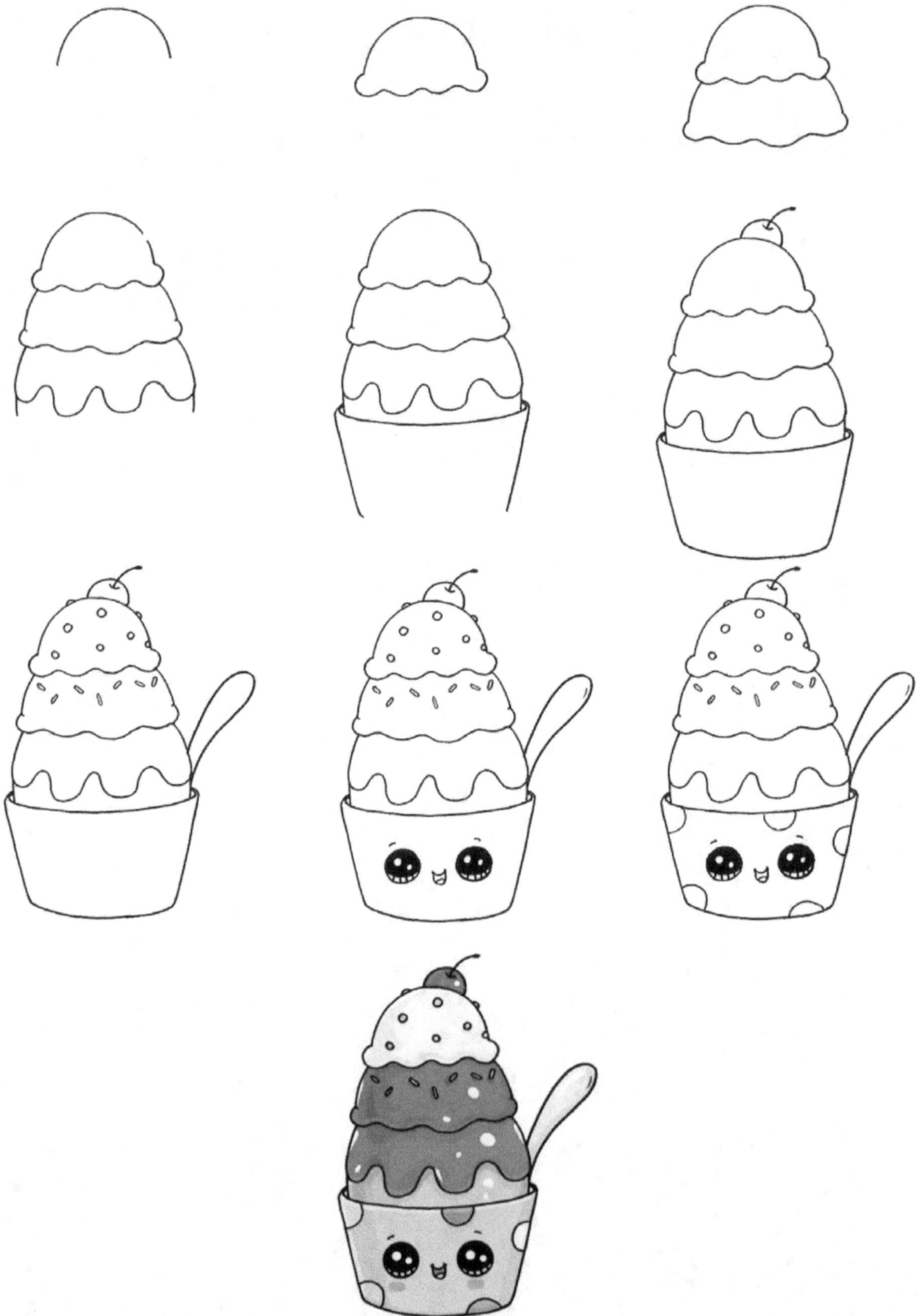

Ha Iniziato a Praticare

Impara Per Passo

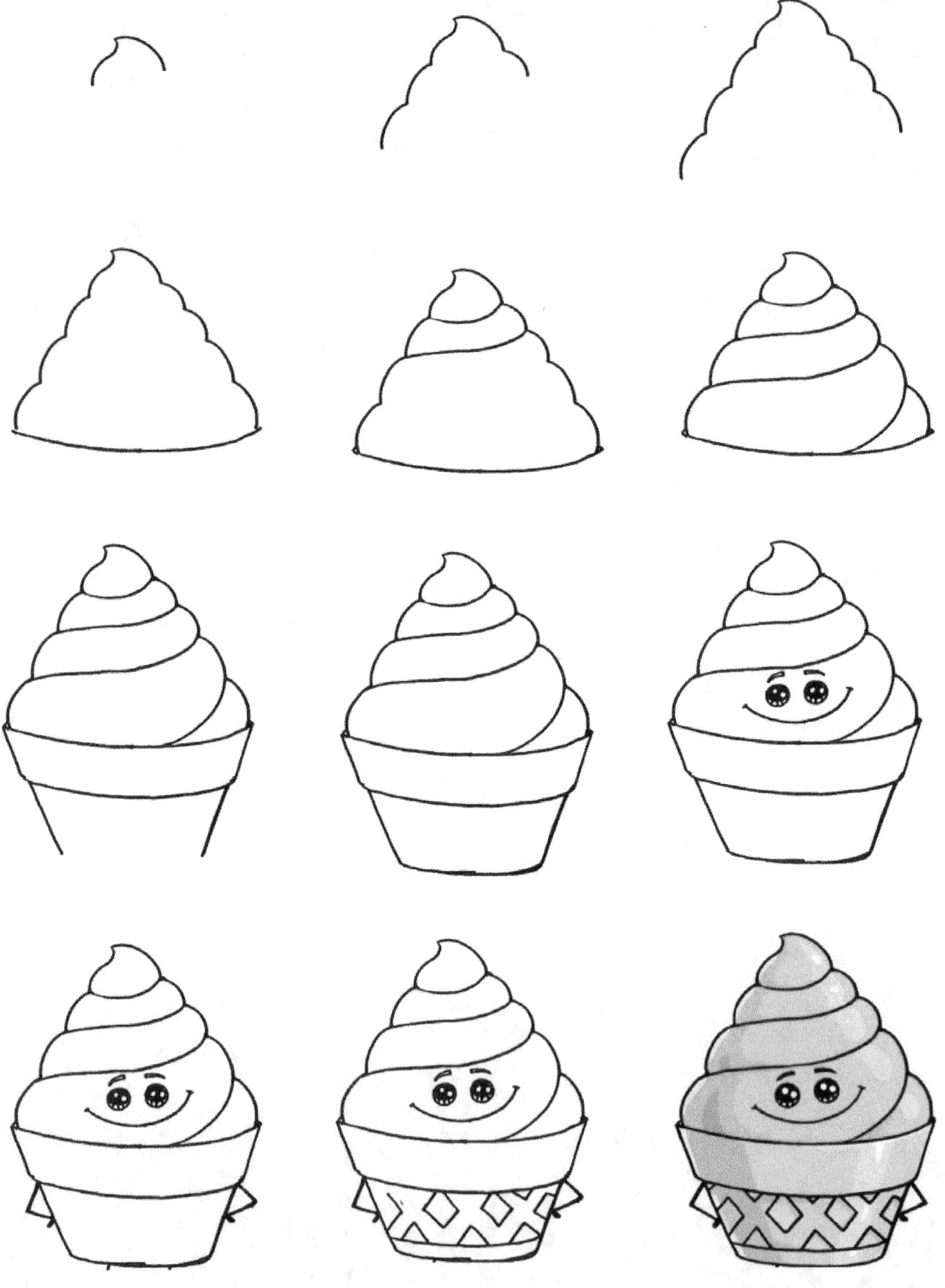

Ha Iniziato a Praticare

Ha Iniziato a Praticare

Impara Per Passo

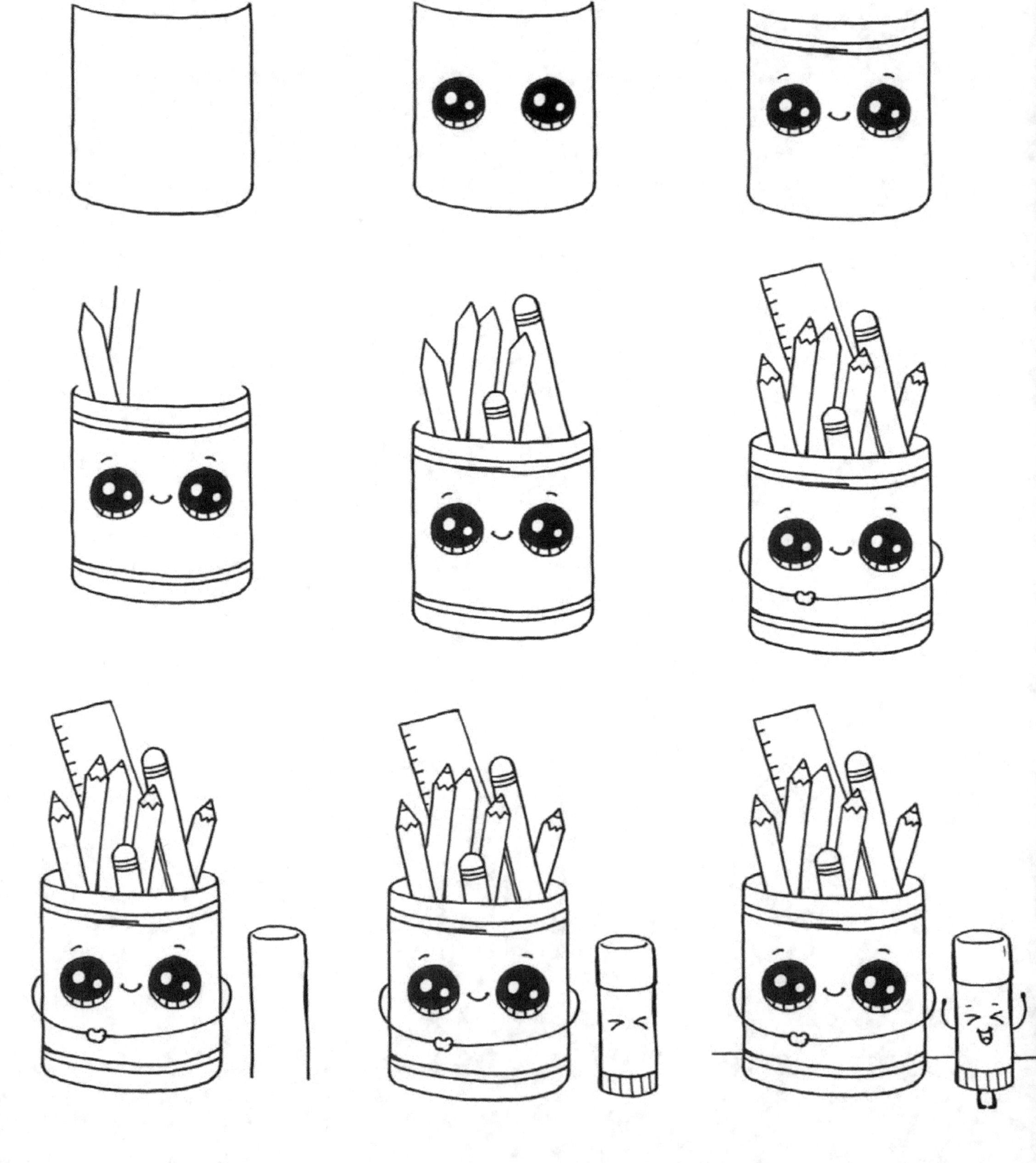

Ha Iniziato a Praticare

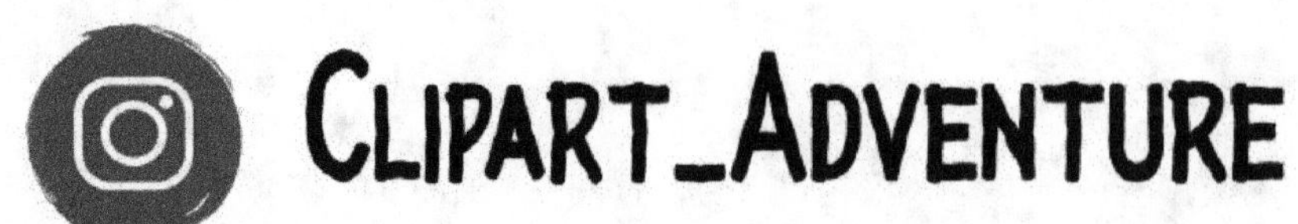
Clipart_Adventure

www.ingramcontent.com/pod-product-compliance
Lightning Source LLC
Chambersburg PA
CBHW060605120726

48002CB00010B/2831